Chinese History for Teenagers

少年中国史

铁骑漫卷的草原王权

辽 西夏 金 元

佟洵 赵云田·主编

北京理工大学出版社
BEIJING INSTITUTE OF TECHNOLOGY PRESS

版权专有 侵权必究

图书在版编目（CIP）数据

铁骑漫卷的草原王权：辽 西夏 金 元/佟洵，赵云田主编. —北京：北京理工大学出版社，2020.6（2021.2重印）

ISBN 978 - 7 - 5682 - 8303 - 8

Ⅰ.①铁… Ⅱ.①佟…②赵… Ⅲ.①中国历史-辽宋金元时代-少年读物②中国历史-西夏-少年读物 Ⅳ.①K240.9

中国版本图书馆 CIP 数据核字（2020）第 049918 号

铁骑漫卷的草原王权
辽 西夏 金 元

出版发行 /	北京理工大学出版社有限责任公司
社　　址 /	北京市海淀区中关村南大街5号
邮　　编 /	100081
电　　话 /	（010）68914775（总编室）
	（010）82562903（教材售后服务热线）
	（010）68948351（其他图书服务热线）
网　　址 /	http://www.bitpress.com.cn
经　　销 /	全国各地新华书店
印　　刷 /	河北盛世彩捷印刷有限公司
开　　本 /	710 毫米×1000 毫米　1/16
印　　张 /	14
字　　数 /	236 千字
版　　次 /	2020 年 6 月第 1 版　2021 年 2 月第 6 次印刷
定　　价 /	34.00 元
责任编辑 /	顾学云
文案编辑 /	朱　喜
责任校对 /	周瑞红
责任印制 /	边心超

图书出现印装质量问题，请拨打售后服务热线，本社负责调换

前言

中国社会科学院研究员　罗贤佑

　　同两宋王朝立国相先后，契丹、党项、女真等族相继在东北、西北及华北建立政权，形成北宋—辽—西夏、南宋—金—西夏对峙的格局。蒙古族兴起于漠北后，通过征服战争结束了各民族政权长期并立的局面，建立起规模空前、统一的多民族国家。在这震荡迭起的大变动时代，中华民族与中华文化经受了进一步的锻铸，展示出包容万千的生命活力。

　　契丹族属东胡族系，游牧于今西辽河上游的西拉木伦河与老哈河流域。公元10世纪初，在唐朝趋于衰亡之际，耶律阿保机于916年正式称帝，国号契丹（后改称"大辽"），建元神册，定都于上京（临潢府，今内蒙古巴林左旗南）。契丹建国后，相继征服了周邻的奚、室韦、阻卜、女真等部族，向东一举灭亡渤海国，向西则兵锋直抵中亚地区。辽太宗时期，不断南侵，利用中原不同势力的矛盾，从后晋国主石敬瑭手中轻易取得燕、云十六州之地。至此，辽朝又将其势力范围自塞外推进至长城以南的农耕经济区，形成"东至于海，西至金山，暨于流沙，北至胪朐河，南至白沟，幅员万里"的广阔疆域（《辽史·地理志一》），与五代诸中原政权、北宋王朝形成南北对峙的政治态势。统和二十二年（1004年）辽军大举南下，进抵澶州（今河南濮阳），在战场形势不利的情况下，同北宋订立"澶渊之盟"。从此，宋、辽南北分治，双方保持了长达百余年的和平相处的睦邻关系。辽朝先后九帝，传国209年。

　　党项族具有久远的历史，为汉代西羌之别种，故史书中称之为"党项羌"。北宋初年，党项族在西北崛起，建立政权，自称大夏国，因其位于宋朝西部，史称"西夏"。西夏前期与北宋、辽朝互相对峙，后期与南宋、金朝鼎足而立，在我国中古时期形成复杂微妙的新"三国"局面。西夏首都兴庆府（后改名中兴府，即今银川市），其疆域东据黄河、西至玉门，北抵大漠，南临萧关，方二万余里。西夏自1038年李元昊称帝立国至1227年末主李睍向蒙古投降被杀亡国，共历十帝，享国190年。

女真族属于东胡族系，源出黑水靺鞨，长期生息于白山黑水之间。1115年，女真首领完颜阿骨打建国称帝，国号大金，年号收国。金政权建立后，即开始对外征伐，一路南下，势如破竹，相继攻破辽朝，灭亡北宋，在十余年内发展成为一个雄踞北中国的庞大帝国。金朝全盛时期，其疆域东到混同江下游直抵海边；北到蒲与路以北三千多里之地；西出天山，与西夏毗邻；南部与南宋以淮河为界。金朝国都初为上京（今黑龙江省阿城区白城子）。贞元元年（1153年）迁都燕京，改名中都（今北京）。天兴三年（1234年），金朝亡于蒙古，共历十帝，凡120年。

蒙古族属于东胡族系，源于蒙兀室韦。1206年，蒙古部首领铁木真被推举为大汗（尊号"成吉思汗"），建立大蒙古国，从而结束长期动荡局面，统一了蒙古高原。蒙古铁骑随即展开大规模的对外征服活动：降服畏兀儿和哈剌鲁、并吞西夏、攻克金朝、招服吐蕃、平定大理。最后于至元十六年（1279年）灭亡南宋，完成了对中国的统一大业。与此同时，蒙古还发动了三次大规模的西征，建立四大汗国，曾对欧亚地区的历史产生巨大影响。

元世祖忽必烈入主中原后，采行汉法，1271年改国号为大元。元朝疆土空前辽阔："北逾阴山，西极流沙，东尽辽左，南越海表""东南所至，不下汉、唐，而西北则过之"（《元史·地理志序》）。为了进行有效统治，元朝将全国划分为十一个行中书省，简称行省。这种地方政制的设置，基本为后世所沿行。至元九年（1272年），元朝改中都为大都，定为都城。

1368年，明军北伐，攻占大都，元顺帝北逃应昌，元朝遂亡。元朝诸帝自忽必烈之后，又传八代，享国不足百年，但明初官修《元史》，自成吉思汗建国迄元顺帝出亡（1206年—1368年），通称元朝。

从916年辽朝建立，到1368年元朝覆亡，前后共经历了四百多个春秋。这段时间在人类的历史中虽然只是短暂的一瞬，但在中国北方民族的发展史乃至中华民族的发展史上却占有难以估量的重要地位。

目录

少年中国史

辽

契丹的崛起 / 10

耶律阿保机建辽 / 14

"海东盛国"渤海亡国 / 18

东丹王耶律倍 / 20

铁腕皇后述律平 / 22

太宗亲征 / 28

帝位之争 / 34

景宗中兴 / 40

传奇女性萧太后 / 44

联夏迫宋 / 48

重元叛乱 / 52

耶律乙辛擅权 / 56

天祚帝亡国 / 60

耶律大石建西辽 / 66

● 辽代的社会风俗 / 68

西夏

党项的兴起 / 72

李继捧献土归宋 / 74

李继迁附辽抗宋 / 76

李元昊建西夏 / 82

宋夏三战 / 86

没藏氏专权 / 90

梁太后专政 / 94

仁孝盛世 / 98

联金抗蒙 / 104

西夏亡国 / 108

金

女真族的兴起 / 116

阿骨打起兵反辽 / 118

金朝立国 / 122

灭北宋 / 126

熙宗革新 / 130

完颜亮弑君夺位 / 134

明昌之治 / 138

宣宗南迁 / 142

红袄军起义 / 148

哀宗失国 / 152

一代文宗元好问 / 156

开河与变钞 / 194

群雄并起 / 200

朱元璋灭元 / 206

元朝时的中外关系 / 210

盛况空前的天文学 / 216

● 云南大理段氏政权的兴衰 / 218

● 中外大事年表对比 / 222

元

蒙古的兴起 / 162

铁木真称汗 / 164

西征花剌子模 / 168

汗位之争 / 170

忽必烈建元 / 172

帝师八思巴 / 178

"元人冠冕"赵孟頫 / 180

朝廷更政 / 186

脱脱更化 / 190

目录

辽

916年—1125年

镔铁契丹,无坚不摧,八部归服成一统,耶律大辽,所向披靡,四时捺钵建行国,灭渤海,征高丽,纵横捭阖于宋夏之间。

906年

> 隋、唐之间，突厥为大。其后有吐蕃、回鹘之强。五代之际，以名见中国者十七八，而契丹最盛。
>
> ——《新五代史·四夷附录第一》

契丹的崛起

契丹原本只是北方一个较小的部落，先后臣服于突厥、回纥，随着突厥灭国、回纥衰落，兼之唐朝末年，藩镇割据，军阀混战，契丹迎来了发展的契机。在领袖耶律阿保机的带领下，契丹迅速壮大，很快便成为继突厥、回纥之后，雄踞北方的大部落。

时间
906年

事件
耶律阿保机继契丹八部可汗位，契丹开始崛起

外在因素
回纥衰落，唐朝藩镇割据，无暇顾及北方

内在因素
契丹首领耶律阿保机机敏多谋，骁勇善战，擅于吸收汉族人才

影响
契丹渐渐成为北方强族，对五代、宋朝产生深远影响

崛起契机

中国辽阔的北方草原先后孕育出无数的草原民族，契丹族便是其中之一。契丹源出东胡鲜卑，与室韦、库莫奚同族异种。隋末唐初之际，突厥强盛，契丹臣服于突厥。唐朝中期，源出铁勒的回纥开始强大。天宝三载（744年），回纥首领骨力裴罗联合唐军攻灭突厥汗国，建立雄踞北方的回纥汗国，契丹再次臣服于回纥。

唐朝末年，回纥渐渐衰落直至灭国，而大唐王朝也因为内部藩镇混战，无暇顾及漠北草原。契丹首领阿保机趁着这一良机，东征西战，吞并众多草原部落，迅速壮大。

契丹人和马
出自《三才图会》。契丹，古代游牧民族，居住在今蒙古国及中国东北地区，采取半农半牧生活，语言属于阿尔泰语系蒙古语族。

阿保机（872年—926年），姓耶律，汉名亿，小字啜里只，契丹八部之一迭剌部人。阿保机出生时，正值契丹各部争权内斗，阿保机的祖父耶律匀德实在内斗中被杀，阿保机的祖母让四个儿子（耶律阿保机的父亲、伯父、叔父）逃往耶律台押家躲避。在这种环境中出生的阿保机让祖母十分担心，为了避免在内斗中遇害，祖母常常将阿保机藏到别的大帐之中，并且将阿保机的脸上涂上颜色，不让别人认出他。

阿保机生下来之后，很早便能走路和说话，孩童时期已能谈论国家大事，阿保机的伯父耶律释鲁当时在迭剌部掌握大权，十分器重阿保机，遇到什么疑难的事情，也常常和阿保机商量。阿保机成人之后，身高九尺，魁梧健壮，武艺过人，能开三百斤的硬弓。耶律释鲁任命阿保机为挞马（扈从之官）。

其时，原本雄踞北方的突厥、回纥早已不存在，草原之上留下许多实力较弱的部落。契丹族利用这一契机，开始四处征伐，先后攻克小黄室韦、越兀、乌古、六奚等部落。

东征西战

唐天复元年（901年），契丹遥辇部的痕德堇被立为可汗，成为契丹诸部最高首领。痕德堇可汗任命阿保机为

阿保机和李克用会盟塑像

阿保机是一个有雄才大略的政治家，为人也十分狡诈，在实现其远大政治目标的政治斗争中，阿保机既表现出坚定的意志，又能随机应变。刚起步时，为寻求外部支持，耶律阿保机和晋王李克用在云州结盟。后梁建立后，阿保机背弃了与李克用的盟约，向朱温请求册封，以巩固自己的地位。

迭剌部的夷离堇（军事首领），专事征讨。阿保机率军又先后攻破室韦、于厥及奚帅辖剌哥，俘获甚众。

渐渐征服周边诸部落之后，契丹开始将触角伸向内乱的唐朝。唐朝自"安史之乱"后，藩镇坐大，皇帝已形同虚设，空有其名，却无力管理众多割据一方的军阀。众多军阀之中，以割据山西的李克用和割据中原地带的朱全

忠的实力最为强大。除了李克用、朱全忠两人之外，刘仁恭、李茂贞、杨行密、王建等人也都割据一方，各拥强兵。众多军阀年年混战，也给契丹的壮大制造了机会。

天复二年（902年），阿保机引大军南下，侵略唐朝，攻破河东、代北9郡，俘获人口9.5万，驼马牛羊不可胜数。阿保机将俘获来的人口迁至潢河（今内蒙古西拉木伦河）南岸，建立龙化州城。之后，阿保机又接连攻打女真、怀远、蓟北等地，再次俘虏大量人口。阿保机依照唐朝的制度，设置州县，安置俘虏来的人口。由于唐朝内部连年军阀混战，也有大量的汉人出走塞外，奔入契丹，投靠阿保机，阿保机实力愈加强大。

天复三年（903年），阿保机的伯

辽·天朝万顺银币

此钱形制受汉文化影响，仿照中原传统形式，为圆形方孔，钱文为契丹大字，顺时针旋读。

父耶律释鲁被其子弑杀，痕德堇可汗任命阿保机为迭剌部的于越，总知军国事，阿保机成为契丹联盟的实际操纵者。

终身可汗

唐天祐三年（906年）十二月，痕德堇可汗病逝，遗命立阿保机为契丹可汗。第二年正月，在族中兄弟耶律曷鲁等人的劝进下，阿保机燔柴告天，继皇帝位，群臣上尊号天皇帝。

按照契丹族的习惯，可汗的位置三年一选，择能者居之。但是阿保机登上可汗之位后，他的汉人谋士对他说："中原的皇帝都是父子相传的，根本没有这种选汗制度。"阿保机也早已对契

丹族的这种选汗制度不认可，他希望自己可以像中原的皇帝那样，永远是契丹的可汗，世代相传。于是阿保机大力发展自己的力量，族弟耶律曷鲁、皇后述律平的亲弟弟萧敌鲁、萧阿古只都被委以重任，从弟耶律迭栗底被任命为迭烈府夷离堇，又设置惕隐（宗正）一职，以皇弟耶律撒剌任之，掌管皇族政教，确保对整个部族的控制。另外，阿保机非常重视汉人人才，学习汉人文化制度，发展农垦，积极招纳因中原内乱而来投奔的汉人。

三年可汗期满，本来应该选择新的可汗，但阿保机凭借着自己强大的实力，继续担任可汗，将部落原本的选汗制度改成了可汗终身制。阿保机巩固了自己的汗位之后，下一步是立国建号。他继续四处征战，一边利用李克用、朱全忠的矛盾，左右逢源，坐收渔利；一边攻打藩镇刘仁恭、黑车子室韦部落、奚人部落。经过几年征战，契丹已经成为一个东到沿海，南暨白檀，西至松漠，北抵潢水的强盛部落。北方草原上，已经无其他部落敢与之争锋了。

辽·铜镜

契丹小字由辽太祖弟耶律迭剌参考回鹘文对大字加以改变而成。小字为拼音文字，约五百个发音符号。契丹小字较大字简便，原字虽少，却能把契丹语全部贯通。

卓歇图（局部）

传为五代胡瓌所作。卓歇，意为立起帐篷休息。该图描绘了契丹族可汗率部下骑士出猎后歇息饮宴的情景。可汗与其妻关氏盘坐地毯上宴饮，侍从正执壶进酒献花，前有奏乐起舞者。画面上有骑士多人或倚马而立，或席地而坐，马鞍上驮着鹅、雁等猎物，人物面相服饰具有契丹族特征。

916年

丙申，群臣及诸属国筑坛州东，上尊号曰大圣大明天皇帝，后曰：应天大明地皇后。大赦，建元神册。

——《辽史·卷一·本纪第一》

耶律阿保机建辽

和唐太宗比较，辽太祖阿保机做不到像他那样大义灭亲，虽然弟弟们一而再、再而三地谋反，阿保机最终还是选择了原谅他们，但阿保机有着唐太宗同样的果决和骁勇，在危机面前，沉稳多谋，所以才能一次次化险为夷，战胜对手，建立辽国。

地点
龙化州

事件
耶律阿保机建国

经过
感化诸弟，消除对手，一统八部

影响
强大的契丹国一度成为中国的代名词，直到今天，俄罗斯等国对中国的称呼仍然是契丹

辽太祖耶律阿保机骑马雕像
辽太祖耶律阿保机（872年—926年），汉名耶律亿，契丹开国者，在位10年。机智勇敢，善射骑，在位期间定法革俗，创造契丹文，发展农业和商业。

诸弟之乱

阿保机久占可汗之位不下，破坏了契丹部族原有的选汗制度，这自然引起了一些契丹贵族的不满，这些人开始挺身而出，反对阿保机的这一做法。

最先起来反对阿保机的是他的四个弟弟，按照契丹族的选汗制度，可汗之位三年一选，而耶律家族所在的迭剌部实力又最强大，阿保机的弟弟们都是有成为可汗的机会的，但是阿保机破坏了选汗制度，他的弟弟们便失去了当可汗的机会。

阿保机做了五年可汗之后，他的四个弟弟剌葛、迭剌、寅底石、安端终于忍耐不住了，开始策划谋反。不料安端的妻子知道情况后，立刻将四人策划谋反的事情告诉了阿保机。阿保机有了准备，剌葛等人的阴谋破产了，但是阿保机念及手足

之情，并没有对四个弟弟处以极刑，而是带着四个弟弟登山杀牲，让他们对天盟誓不再背叛，然后赦免众人，贬剌葛为迭剌部的夷离堇，封安端的妻子为晋国夫人。阿保机诸弟的第一次谋反便这么过去了。

阿保机的宽宏大量并没能感化四个弟弟，剌葛等人非但没有就此罢手，反而继续积极策划谋反。这次阿保机的叔父耶律辖底和堂兄耶律滑哥也都参与进来，与剌葛积极谋划，准备逼阿保机退位。

第二年十月，剌葛等人趁阿保机亲征术不姑之际，领兵截断阿保机的归路，打算逼迫阿保机参加选汗大会，交出汗位。阿保机班师途中，得知弟弟们再次谋反，冷静多谋的他没有采取硬拼的方式，而是避开剌葛等人的军队，引兵赶到十七泺，抢先一步举行燔柴告天仪式，造成连选连任的既成事实。剌葛等人的阴谋再次破产，只得赶快派人到阿保机处谢罪。这一次阿保机再次宽恕了剌葛等人，希望众人可以改过自新。

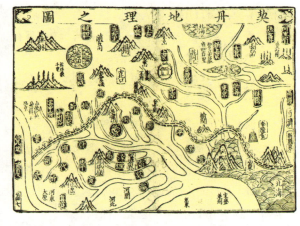

契丹地理之图

出自元刊本《契丹国志》插图，现藏于北京图书馆。元至正四年（1344年）雕版墨印，本图展示了我国古代辽河流域的契丹游牧民族所建的契丹国地图。地图中主要表现了辽国（契丹）疆域、山川大势、京府州镇、长城关塞以及邻国部族等内容，本图采用了中国古代地图传统的形象绘法。

再度为乱

但是面对可汗之位的巨大诱惑，剌葛等人又一次背叛了阿保机。乾化三年（913年），剌葛等人第三次策划谋反，剌葛一面私

辽·镶玉银胸带、鎏金铁马镫
马镫是一个平底的环形物，用皮带固定，悬挂于马鞍的两边，供骑者放置双脚，也可以辅助骑者上下。有了马镫，骑者更容易在鞍上坐稳，也更容易控制马匹，从而能够解放双手，在马上做出各种动作，这使马在交通、通信和军事上开始发挥更加重要的作用。现藏于内蒙古博物院。

下自制了象征可汗的旗鼓，然后联合乙室部的贵族，准备谋反，一面派遣两个弟弟迭剌和安端，让两人带领一千多骑兵，假称去朝见阿保机，想趁机将其劫持。

阿保机识破了两个弟弟的诡计，勃然大怒道："他们以前谋逆，我念及兄弟之情，宽恕了他们，希望他们可以改过自新，没想到他们还是不知悔改，想要做不利于我的事。"这次阿保机忍无可忍，派人将迭剌和安端都抓了起来，让自己的军队收编了两个弟弟带来的骑兵，然后率领大军追剿剌葛。

剌葛得知阴谋败露，急忙逃走，奔逃之中，不忘兵分两路，其中一路让寅底石带领，绕回去攻击阿保机的行营，希望可以出其不意，抄了阿保机的老巢。剌葛这一招确实起到了效果，寅底石一路杀到行营，放火烧掉了阿保机的辎重、帐篷，然后纵兵大开杀戒。岂料阿保机的妻子兼得力帮手述律平早有准备，虽然被寅底石打了个措手不及，但仍然镇定指挥，杀退寅底石，夺回了可汗的旗鼓。

阿保机一路追到土河（今内蒙古老哈河），却不追了，不慌不忙地秣马厉兵，好像对剌葛不在意了。部下们不解其故，都非常着急，恐怕剌葛逃脱，请求赶快追赶。

阿保机却说："先让他们跑吧，等到他们怀土心切、将士离心之际，我军再追击，必然可以大破彼军。"当年四月，阿保机的军队追上了剌葛的军队，两军恶战，剌葛军大败。五月份，阿保机抓住了剌葛等人。

平乱建国

这次阿保机没再客气，将叔父耶律辖底、堂兄耶律滑哥以及协助剌葛谋反的乙室部共300多人，全部处死。但阿保机对自己的弟弟们还是不忍心下手，只是将剌葛、迭剌杖打了一顿就放了，另外两个弟弟寅底石、安端甚至打都没打，根本没问罪。阿保机这么做除了顾及兄弟之情外，还有个原因是：诸弟之乱对契丹族经济造成了极大的损失，阿保机不愿再让契丹遭受更多的灾难了。

在诸弟叛乱之前，民间本来有马上万匹，而经过内斗，这些马几乎死伤殆尽，百姓出门都只能靠步行了。

平定了诸弟之乱后，为了防止契丹其他各部首领也觊觎可汗之位，阿保机在妻子述律平的谋划下，假意邀请诸部首领来盐池宴会，暗中却设下埋伏，等诸部首领到来之后，伏兵齐出，将诸部首领全都杀掉，消除了内部的隐患，部族中再无人敢对可汗之位心存幻想了。

内乱平定之后，阿保机正式在龙化州（今内蒙古通辽市西南）建国，国号契丹，建元神册，立妻子述律平为皇后，长子耶律倍为太子。

辽·彩绘木雕水月观音像

水月观音在早期佛教经典中并无出处,是佛教与中国本土文化融合而产生。观音通常是坐在岩石或莲花座上,以右腿支起、左腿下垂,右臂放在右膝上的姿势观看水中之月,以譬喻佛法色空的义理。

> 926年

初,其王数遣诸生诣京师太学,习识古今制度,至是遂为海东盛国,地有五京、十五府、六十二州。

——《新唐书》·卷二百一十九·列传第一百四十四

"海东盛国"渤海亡国

阿保机一直有逐鹿中原之心,可惜碰上了同样骁勇善战的唐庄宗李存勖,南下受阻。阿保机只得将进攻的重心转移,攻灭东方的渤海国,立太子耶律倍为王。他这一做法在他去世之后,产生了意想不到的后果。

时间
926年

人物
阿保机、大諲譔

事件
渤海国灭国

原因
逐鹿中原受阻

结果
契丹领土直至日本海;间接导致太子继位失败

阿保机建国之后,开始谋划南下,进军中原。早在唐哀帝天祐四年(907年),朱全忠已经废掉唐朝最后一个皇帝唐哀帝,自立为帝,定都开封,国号梁,史称后梁。而割据山西的晋王李克用也已病死,李克用的儿子李存勖仍然用唐朝年号,以复兴唐室为名,继续同后梁作战。其他割据势力或依附后梁,或和李存勖一样,奉唐朝为正朔,同后梁为敌。

混乱的中原形势给阿保机提供了南下的绝好机会。神册二年(917年),李存勖的部将卢文进因征兵问题背叛李存勖,投降契丹。阿保机趁机引兵南下,围攻幽州,结果久攻不下。半年后李存勖派兵救援,阿保机只得撤回,这一次南下无功而返。

神册六年(921年),依附于晋王李存勖的赵国发生兵变,赵王王镕的义子张文礼杀死王镕,自称成德军节度使,南结后梁,北结契丹,对抗晋王李存勖。第二年,北平王王处直因为害怕

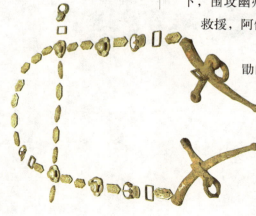

辽·鎏金马鞍、笼头、盘胸
契丹民族创造了高度发达的车马器具,工艺精湛的契丹鞍与当时的端砚、蜀锦、定瓷被宋人评比为"天下第一"。

李存勖来攻，也投降契丹，派儿子王郁到契丹，请求阿保机出兵救援。阿保机得到良机，第二次率领大军南下。

李存勖得知阿保机来攻，也率领大军迎战，两军恶战于望都（今河北望都），契丹军大败，一直退到易州（今河北易县），恰逢天降大雪，连下十几天，厚数尺，契丹军粮草匮乏，又被晋军追击，死伤惨重。虽然契丹军大败，但契丹军严明的军纪让李存勖赞叹不已。

两次南征的失败让阿保机意识到逐鹿中原的时机并未成熟，有骁勇善战的李存勖在南方，自己的南征是很难取得什么进展的，他开始把眼光投向东方的渤海国。

渤海国，唐圣历元年（698年）由中国古代少数民族粟末靺鞨首领大祚荣创建，之后经过大氏历代君主努力，全盛期时，大破新罗（朝鲜半岛国家），臣服周边众多部落，疆域西接契丹，东到日本海，南与新罗相连，北至松花江，地方两千里，编户十余万，盛兵数万，号称海东盛国。实力强大的渤海国是契丹的世仇，也是契丹的隐患，所以阿保机两度南下中原失败之后，开始把目光转向东方的渤海国，打算先消除后面的隐患，再逐鹿中原。

天赞四年（925年），阿保机亲征渤海国，随行的还有皇后述律平、太子耶律倍、次子耶律德光。第二年春，契丹军攻陷忽汗城（今吉林宁安市渤海镇），渤海国末代国王大諲譔投降，历时200多年的渤海国灭亡。阿保机改渤海国为东丹国，册封太子耶律倍为东丹国国王、人皇王。

渤海国末王大諲譔
长卷浮雕《渤海国兴亡史》，位于黑龙江牡丹江镜泊湖风景区渤海国靺鞨民族文化园。渤海国从立国到被契丹国所灭，共历229年，传15王。全盛时，辖5京、15府、62州，其文化深受唐文化影响，有"海东盛国"之美誉。

▶ 926年

倍谓左右曰："我以天下让主上，今反见疑；不如适他国，以成吴太伯之名。"

——《辽史·卷七十二·列传第二》

东丹王耶律倍

耶律倍身为阿保机长子，且被立为太子，是皇位名正言顺的继承人，但他本人深受汉文化影响，尊崇儒家思想，所以不得母亲述律平喜爱，最终继位失败，处境尴尬。

别称
人皇王
出身
契丹皇室
特长
绘画、作诗，文武双全
信仰
儒家
代表作品
《海上诗》《骑射图》

辽太祖阿保机和皇后述律平一共育有三子，长子耶律倍，次子耶律德光，三子耶律李胡。阿保机曾经故意测试过三个儿子，让三个儿子一起去捡柴。次子耶律德光不管干柴湿柴一起捡，第一个就完成任务回来了，长子耶律倍只捡干柴，然后捆扎好，第二个回来，只有小儿子耶律李胡捡得少丢得多，最后一个回来，而且回来的时候两手空空，已经都丢光了。从这个测试中，阿保机看到，耶律倍和耶律德光各有所长，都有各自的可取之处。

耶律倍从小聪明好学，不但通阴阳，知音律，而且精于医药之道和砭灸之术，除此之外，他还非

常擅长汉文,画画也颇有造诣(耶律倍多幅画作流传至今)。然而,尽管耶律倍非常优秀,他却得不到母亲述律平的喜爱,因为述律平的三个儿子之中,次子耶律德光和最小的儿子耶律李胡行事作风都和述律平比较接近,都非常尊崇契丹文化,虽然也会用汉人中的贤人,学习汉人的先进农业技术,不过本质上也都是为了契丹本族的发展。而耶律倍却不同,耶律倍骨子里是仰慕汉人文化的,主张以孔子的儒家思想作为治国之本,这从其中一件事可以看出来。辽太祖阿保机曾经问过众大臣一个问题:"皇帝应该事天敬神,我想祭祀一位有大功德的人,应该先祭祀谁呢?"因为契丹人信仰佛教,所以大臣们都说:"应该祭祀佛。"阿保机摇了摇头说:"佛不是中国的教派。"只有太子耶律倍说:"孔子是大圣,为万世尊敬,应该先祭祀孔子。"阿保机听了很高兴,开始在契丹建造孔子庙。

耶律倍尊孔的儒家思想和母亲述

海上诗

小山压大山,
大山全无力。
羞见故乡人,
从此投外国。

——耶律倍

律平的理念完全不同,所以不得母亲喜欢。虽然如此,多才多艺的耶律倍还是很得父亲阿保机的喜爱,阿保机建国之后,便立耶律倍为太子。天赞五年(926年),阿保机攻破渤海国后,改渤海国为东丹国,封耶律倍为东丹国国王。阿保机这一做法本是想要自己这个很器重的儿子好好治理刚刚征服下来的土地,但是随着不久之后阿保机的突然去世,原本与皇位只有一步之遥的东丹王耶律倍的命运也跟着急转直下。

五代·李赞华·东丹王出行图
此图旧题为李赞华(耶律倍)作。上绘六人骑在骏马上,他们各具姿态,衣冠、服饰、佩戴皆因身份的不同而各异。卷尾有"世传东丹王是也"一行楷书。此画流落海外,现收藏于美国波士顿美术馆。

879年—953年

述律后勇决多权变,阿保机行兵御众,述律后常预其谋。

——《资治通鉴·卷二百六十九·贞明二年》

铁腕皇后述律平

一个成功的男人背后肯定有一个贤能的女人。述律平就是阿保机背后的那个女人,她不仅果决,而且多智,每次阿保机出征在外,她都可以让阿保机没有后顾之忧,契丹崛起,她功不可没。

出身
回纥

成名之战
率军反击室韦部落

儿子
耶律倍、耶律德光、耶律李胡

主要功绩
稳固后方、举荐贤能、出谋划策

轶事典故
断腕拒葬

辽·白玉雕双鹿配件

助夫建国

阿保机的皇后述律平,祖先本是回纥人,嫁给阿保机之后,述律平不仅成了阿保机的妻子,更是阿保机的得力帮手。在阿保机的建国过程中,述律平屡次出谋划策,多次协助阿保机击败竞争对手。每次阿保机出征在外,述律平都会留守后方,为此,述律平组建了一支由契丹人和汉人共同组成的精锐部队——属珊军。凭着这支军队,述律平多次击退前来攻击后方的竞争对手和其他部落的军队,让阿保机没有后顾之忧。

述律平还给阿保机举荐了不少有才能的人。有一次,卢龙节度使刘守光派遣参军韩延徽前来求援,阿保机让韩延徽下跪,韩延徽不肯。阿保机大怒,扣留韩延徽,让他去放马。述律平对阿保机说:"韩延徽守节不屈,是个有贤能的人啊,应该礼遇他、重用他,怎么能羞辱他呢?"阿保机听从了述律平的话,将韩延徽召回来对话，觉得他确实是个人才，于是重用韩延徽。韩延徽替阿保机出谋划策，建立城市，安置来降的汉人，制定赋税制度，让百姓安居乐业，立了很大的功劳。

辽·金饰件

屡进良策

阿保机进攻幽州之前，吴王杨隆演进献猛火油，说用这种猛火油攻城，十分有效，对方若是用水救，不但救不了火，火势反而会更猛。阿保机动了心，打算用这种猛火油进攻幽州试试看。述律后劝阻了他，说："哪儿有攻打别的国家的时候试验油有没有效的，如果不成功岂不贻笑别国？"然后述律平给阿保机出了另外的主意：用骑兵骚扰幽州野外，让幽州城内外交困，最终不得不归降。阿保机采用了述律平的建议，围困幽州半年之久，确实收到了很好的效果，只不过最后在李存勖的救援之下，不得不撤军了。

后来北平王王处直投降契丹，让儿子王郁到契丹求救，王郁不住地鼓动阿保机，说："镇州（今河北石家庄、正定、井陉一带）美女如云，金帛如山，皇上你赶快派兵去啊，现在去，美女和金帛都是您的，如果去晚了，就被晋王李存勖抢走了。"阿保机决定倾全国之力前往，述律平却劝阻丈夫，说：

"我们契丹国西楼（今内蒙古巴林左旗）有养马之富，其中的乐趣已经不可穷尽，干吗还要劳师远征，冒着危险去争这些呢？而且我听说晋王李存勖非常善于用兵，无人能敌，万一有个什么闪失，后悔都来不及。"阿保机不听妻子的劝说，执意南下，最后果然被李存勖击败，死伤惨重。

两次南下无功，阿保机调整了进攻的方向，开始对东方的渤海国用兵，述律平又为丈夫出谋划策，最终攻破了渤海国。

废长立幼

天赞五年（926年），阿保机攻下渤海国后，改渤海国为东丹国，立太子耶律倍为东丹王。一切安排妥当，阿保机班师西返，可是就在大军行军到扶余（今吉林四平）的时候，阿保机突然因病去世。阿保机的突然去世给契丹人留下了一个问题：该由谁来继承皇帝之位？

按理来说，耶律倍被立太子多年，皇帝之位自然应该由他来继承。何况耶律倍不但多才多艺，而且文武双全，多次跟从阿保机四处征战，且常做先锋打头阵。阿保机东征渤海国时，攻下扶余城后，就打算清查户口，统计人数，耶律倍赶快劝谏道："现在刚刚打下城市，就清查户口，百姓肯定会惶恐不安。倒不如乘着契丹军势如破竹的劲头，直接攻打渤海国的都城，必然可以一举拿下。"阿保机听从耶律倍的建议，率军直扑渤海国的都城忽汗城，果然一举攻下，灭了渤海国。

但是，述律平却不喜欢这个崇尚儒家思想、推崇汉人文化的儿子，她更喜欢自己的次子耶律德光。因为耶律德光不但和自己的想法一致，也和阿保机的性格更相似，她打算让次子耶律德光继承帝位。

阿保机死后，述律平称制，摄军国事，大权在握，召集大臣们，对大臣们说："耶律倍、耶律德光两个儿子我都喜欢，但是不知道该让谁继承帝位，你们选择吧。"大臣们都知道述律平虽然表面这么说，其实心里是打算立耶律德光为帝的，于是纷纷表示愿意让耶律

北宋·黄宗道·获鹿图卷
旧传李赞华作。李赞华即耶律倍，是耶律阿保机和皇后述律平的长子。耶律倍自幼聪敏好学，文武全才，不但善于骑射和谋略，而且文化修养很高，尤其推崇中原的儒家文化。耶律倍喜欢绘画，身为北方草原的民族画家，耶律倍擅画水草放牧或游骑射猎的情景，特别擅长画鞍马。

德光继位。述律平大喜，于是立耶律德光为契丹皇帝，这就是后来的辽太宗。

铁腕太后

东丹王耶律倍虽然没能继承帝位，但是当了多年太子，且本人也很优秀，朝中自然有很多大臣都是拥护他的。辽太宗继位后，这些大臣多心怀不满。在太后述律平看来，这些人都是很大的隐患，为了让辽太宗坐稳皇位，述律平开始大开杀戒。

述律平将一些难以控制的大臣召集起来，问他们："你们思念先帝（阿保机）吗？"大臣们说："我们受先帝恩德，怎么能不思念呢？"述律平说："好，既然你们这么思念先帝，那就去见他吧。"然后将这些人都杀掉了。

还有一些大臣不听话，述律平对他们说："你们帮我传个话给先帝吧。"然后将他们拉到阿保机的墓前，也杀了。述律平用这种残酷的手段前前后后杀了上百人。最后杀到卢龙人赵思温时，述律平对赵思温说："你以前和先帝那么亲近，现在怎么不去找先帝？"幸好赵思温脑子灵活，赶忙说："若论亲近，肯定是太后您和先帝最亲近，太后您先去找先帝，臣后面跟着就来。"述律平被驳得无话可说，最后只得说："我不是不想跟从先帝而去，只是新皇帝还年轻，国家不能无人做主，所以我想随先帝而去也去不了。"述律平说完便砍下自己一只手，让放到阿保机墓中陪葬，赵思温也因此免于殉葬。

辽代散乐图
散乐是五代时后晋伶官带到契丹的，表演时，俳优、歌舞杂进，活泼轻快，因而受到上至宫廷、士大夫，下至民间的欢迎。

东丹王投唐

东丹王耶律倍虽然没能继承帝位，但是他的母亲述律平和弟弟辽太宗耶律德光仍然对他不放心，为了防止耶律倍对帝位造成威胁，辽太宗将东平（今辽宁辽阳）改成南京，让耶律倍把东丹国的都城迁到东平，这样耶律倍距自己更近，更好掌控。辽太宗又派人暗中监视查看耶律倍的动静。耶律倍的境况可想而知，他虽然名义上还是东丹国的国王，实际上已被自己的弟弟辽太宗软禁起来了。

后唐明宗［晋王李克用之子李存勖称帝灭后梁，国号唐，史称后唐，庙号唐庄宗。唐庄宗前期英明神武，骁勇善战，但灭后梁之后，崇信伶人，冤杀大臣，导致人心思变。同光四年（926年），发生魏州兵变，唐庄宗派大将李嗣源前去平叛，结果李嗣源却背庄宗自立，庄宗自己也死于伶人作乱。李嗣源率军攻入洛阳，自立为帝，就是唐明宗］知道耶律倍的尴尬境况后，派人偷偷诱召耶律倍。天成五年（930年），耶律倍终于带着高美人、随从，携了大批书籍，乘船渡海逃往后唐，此生再也未返故土。

辽·三彩罗汉像

出自河北易县八佛洼,原为一组,共计十六尊,早先曾被认为是唐代作品。现今或有损毁,或者流失海外。梁思成留美时曾见到易县八佛洼所出的一尊三彩罗汉像,他评价道:"其貌皆似真容,其衣褶亦甚写实。……或容态雍容……或蹙眉作恳切状,要之皆各有个性,不徒为空泛虚缈之神像。其妙肖可与罗马造像比。"他认为它们不亚于意大利文艺复兴时最精妙的作品。目前仅存11尊:美国波士顿美术馆藏1尊(头部补塑)、美国克利夫兰艺术博物馆藏1尊(残)、美国纽约大都会艺术博物馆藏2尊、俄罗斯冬宫(柏林东亚艺术博物馆旧藏)1尊、美国堪萨斯城纳尔逊—雅坚斯艺术博物馆藏1尊、美国宾夕法尼亚大学考古学及人类学博物馆藏1尊、加拿大皇家安大略博物馆藏1尊、英国伦敦大英博物馆藏1尊、法国巴黎吉美国立亚洲艺术馆藏1尊、日本私人收藏家松方幸次郎旧藏1尊(明代)。此尊现藏于美国纽约大都会艺术博物馆。

> **943年—947年**
>
> 契丹主入门，民皆惊呼而走。契丹主登城楼，遣通事谕之曰："我亦人也，汝曹勿惧！会当使汝曹苏息。我无心南来，汉兵引我至此耳。"
>
> ——《资治通鉴·卷二百六十八·天福十年》

太宗亲征

后晋可谓"成也太宗，败也太宗"，后晋开国之主石敬瑭在辽太宗援助下建立后晋，其继任者石重贵拒不向契丹称臣，最后辽太宗攻入中原，又灭了后晋。辽太宗是辽代唯一一个入主中原的契丹皇帝，但是由于入主中原后，没有好好经营，曾经得到的一切又迅速失去。

时间
943年—947年

交战双方
契丹、后晋

起因
石重贵继位之后，不向契丹称臣

双方主要指挥官
契丹：辽太宗、赵延寿
后晋：石重贵、杜重威

兵力
契丹：十几万
后晋：20万

胜负
契丹：前期败，后期胜
后晋：前期胜，后期降

结果
后晋灭亡

辽·契丹武士像

继承遗志

阿保机在世时，便一直想引军南下，逐鹿中原，可惜他面对的是骁勇善战的唐庄宗李存勖。多次南下失利，阿保机把进攻的重心转向了渤海国，但是就在他攻下渤海国之后，却在班师途中突然去世了。

辽太宗耶律德光继位后，以父亲遗志为己任，积极谋划着南下中原。天显三年（928年），后唐义武节度使王都忽然向契丹求救，请求契丹派兵援助。王都本是北平王王处直的义子，王处直投降契丹时，王都不愿投降，和手下将领兵变，杀死王处直，归降李存勖。李存勖十分厚遇王都，任命王都为义武军节度使，并且让自己的儿子李继岌娶了王都的女儿。李存勖死于伶人作乱后，李嗣源称帝，为唐明宗。唐明宗称帝后，李存勖的兄弟子女多被杀害，王都自然不为唐明宗所喜。后唐天成三年（928年），唐明宗下诏削夺王都的官爵，王都立刻起兵反叛，派人至契丹请求救援。辽太宗看到机会来了，答应了王都的要求，派了一万骑兵前去救援王都。唐明宗派宋州节度使王晏球领兵征讨，与契丹、王都联军作战，结果契丹、王都联军大败，契丹骑兵死了几千人，定州（今河北定州）被攻陷，王都自焚而死。辽太宗继位之后，第一次插手中原事务，以失败告终。之后的几年，契丹没有再大规模对后唐用兵。

援立后晋

唐明宗李嗣源去世之后，后唐再次发生内乱，最后李嗣源的义子李从珂夺得帝位。李从珂称帝之后，和河东节度使石敬瑭互不信任，互相猜忌，终于导致在后唐清泰三年（936年），石敬瑭于太原起兵造反。李从珂派张敬达率领大军围攻太原，石敬瑭派人向契丹求援，许诺事成之后，割让幽州（今北京市）、蓟州（今天津蓟州区）、瀛洲（今河北河间）、云州（今山西大同）等16个州给契丹，每年给契丹布帛30万匹，并且向契丹称臣，像对待父亲那样对待辽太宗。

辽太宗得信大喜，立刻率军5万，对外号称30万，从雁门关入关，援助石敬瑭，在太原击败后唐的军队。张敬达退守晋安寨（太原南），不久唐将杨光远杀掉主将张敬达投降。辽太宗得知张敬达至死不降，对手下众将说："作为臣子，就应该像张敬达那样啊。"然后将张敬达礼葬。

当年十一月，辽太宗册封石敬瑭为皇帝，国号晋，史称后晋。册封之后，辽太宗准备班师北返，宴请石敬瑭，席间，比辽太宗大10岁的石敬瑭认辽太宗当父亲。辽太宗将投降的唐军以及5000匹马赐给石敬瑭，石敬瑭引军渡河。李从珂自知大势已去，在洛阳自焚身亡。自焚之前，李从珂召6年前投奔后唐的前契丹太子耶律倍，让他和自己

契丹皇帝"四时捺钵"场景
契丹建造了上京城，依旧保持着四时游牧方式，春、夏、秋、冬到不同的地方居住，称为"四时捺钵"，"捺钵"是契丹语"行营"的意思，许多军国大事都在"捺钵"中决定。

石敬瑭像

出自明刊本《三才图会》。石敬瑭（892年—942年），又名石绍雍，太原沙陀族人。唐明宗李嗣源的女婿，河东节度使。曾向契丹称臣，自称"儿皇帝"。五代时后晋王朝建立者，即后晋高祖（936年—942年在位）。

一起自焚。耶律倍不从，李从珂便让人杀死了耶律倍。

石敬瑭建立晋朝之后，果然依照事先的约定，将燕云十六州割让给了契丹，每年按时交纳30万布帛。石敬瑭对契丹百依百顺，写给契丹的书表，称辽太宗为"父皇帝"，自称"臣"，或者"儿皇帝"。

辽太宗得到燕云十六州后，将原来的南京（今辽宁辽阳）改为东京，将幽州改为南京，将新州改为奉圣州，将武州改为归化州，以便更好地控制新得的领土。由于契丹国内的汉人越来越多，辽太宗实行了较为宽明的政策，以契丹之制治理契丹，以汉人之制治理汉人，又实行南北两套官制，北面官管理契丹人，南面官管理汉人，契丹人若是去当南面官，也要按照汉人的礼仪，并且允许契丹人和汉人通婚。

皇孙不臣

后晋石敬瑭在位期间，对契丹一向恭敬顺从，所以契丹和晋朝的关系比较融洽，数年没有战事。942年，石敬瑭去世，后晋大臣冯道、景延广拥立石敬瑭的侄儿石重贵为帝。因为石敬瑭向契丹称臣，所以以前后晋朝中若有什么大事，一般都会向辽太宗上表说明，但是有拥立之功的景延广是个反契丹的人，劝新皇帝石重贵只称孙子就行了，不要再向契丹称臣。石重贵也不愿再向契丹称臣，于是在给辽太宗的表书中只称孙子，不称臣。

辽太宗见后晋新皇帝不愿称臣，不高兴，派遣使臣到晋朝质问。景延广出言不逊，并且囚禁契丹回图使（国使）乔荣，对乔荣说："回去告诉你们皇帝，先帝（指石敬瑭）以前是你们契丹所立，所以对你们契丹称臣；现在的皇帝是我们自己立的，称孙子已经够了，断然没有称臣的道理。你们皇帝如果胆敢过来挑战，我们这边有十万横磨剑等着他呢。以后爷爷被孙子打败，被天下人嘲笑的时候，可别后悔。"

乔荣回到契丹，就把景延广说的话告诉了辽太宗，辽太宗勃然大怒，打算领兵南下，教训教训这个不听话的孙子。后晋将领杨光远派人密告辽太宗，说晋朝国内大饥，如果这个时候契丹攻打晋朝，可以一举拿下。契丹的卢龙节度使赵延寿想取代晋朝皇帝，也劝辽太宗攻打后晋。辽太宗集合契丹、汉人士兵共5万人，让赵延寿统领，并且许诺赵延寿，如果打下后晋，就立赵延寿为中原的皇帝。有了这个许诺，赵延寿非常卖力，积极出谋划策，替辽太宗出主意。

阳城大战

会同七年（944年）春，辽太宗让赵延寿、赵延照率领5万人为前锋，自己引大军为后续，多路齐下，正式与后晋开战。晋帝石重贵令归德节度使高行周、河阳节度使符彦卿、右神武统军皇甫遇等将领迎战，石重贵自己也亲自到澶州督战。契丹军先是将晋将高行周、符彦卿等人围困在戚城（今河南濮阳），高行周派人向晋帝石重贵求救。石重贵亲自带大军救援，契丹军只得退去。晋军随后追击，契丹军大败，死伤几千人。

初战失败，辽太宗看硬攻难以取胜，便想智取，他让契丹军假装放弃元城（今河北大名），暗地里却在顿丘（现河南濮阳市清丰县）设下埋伏，打算等晋军攻来的时候，袭击晋军。晋军原本也正打算继续进攻，结果天降大雨，晋军只好退去。契丹军埋伏了十来天，没看到晋军。赵延寿对辽太宗说："晋军肯定是惧怕契丹军，所以不敢进攻，不如直接攻打晋军。"辽太宗听从赵延寿的建议，率领十几万大军直接攻澶州城（今河南濮阳西南），晋帝石重贵亲自带兵与契丹交战，双方在澶州大战，万弩齐发，射出的弓箭遮天蔽日，

阿保机的儿子

姓名	汉名	简介
耶律倍	倍	长子，字突欲，辽世宗耶律阮生父。自幼聪颖好学，初被立为皇太子。契丹灭亡渤海国后，封东丹国王，称"人皇王"。因受耶律德光的控制和监视，弃国投奔后唐，后被后唐末帝李从珂派人所杀
耶律德光	德光	次子，字德谨，小字尧骨。秉性宽厚仁慈，阿保机病逝后，在述律皇后的帮助下登基为帝。改革官制，奖励耕战，发展生产，后病逝于北返途中
耶律李胡	洪古	字奚隐，第三子，勇武强悍，生性残忍酷虐，后因儿子宋王耶律喜隐谋反之事牵连，死于狱中
耶律牙里果	—	小字敌辇，第四子，921年随辽太祖攻打后唐被俘，安置在太原居住，936年归国任职，后病死

内蒙古赤峰巴林左旗前进村辽墓壁画之备宴图
画中有六名执事,四名为汉人,头戴黑巾,两名为契丹人,髡发。六人手捧着肉食、盘、碗、浣巾等,分两排站立,恭候着主人用膳。

双方死伤的士兵不可胜数。双方苦战一日,契丹军退去。

会同八年(945年),辽太宗再次率领8万大军南下,晋军主将杜重威惧怕契丹的声势,率军往回撤。辽太宗率军一路追赶,在阳城(今河北保定西南)赶上晋军,契丹骑兵将晋军围了数重,辽太宗又派兵断了晋军的粮道。晋军粮草不继,又没水喝,士兵只能用布帛沾了泥浆绞水出来喝。当晚,刮起了大风,且对契丹军来说,是顺风,十分有利,而对晋军来说却是逆风,非常不利。契丹军都以为晋军不敢出战,只能坐以待毙了。辽太宗坐在奚车上指挥军队,也以为晋军没有退路了,只能束手就擒,下令全歼晋军,然后直扑后晋都城开封。

契丹骑兵纷纷下马,打开鹿角,进攻晋军。万万没想到的是,困境中的晋军,在骁将符彦卿、李守贞、药元福等人的率领下,逆风猛击契丹军,契丹军被打了个措手不及,兵败如山倒,已经下马的契丹军来不及上马,纷纷丢弃马匹铠甲逃跑。辽太宗乘着奚车跑不快,差点被晋军追上,最后找了头骆驼骑上,一路逃去。

辽太宗一直逃到幽州,收拾残兵败将。因为这次大败,辽太宗心情极差,将契丹众将领酋长全部杖打了一顿,只有赵延寿没有挨打。

入主中原

两次南下失利,契丹人马死伤非常惨重,国内的百姓困苦不堪。太后述律平劝辽太宗不要再和后晋交战了。辽太宗不同意,执意要养精蓄锐,继续南下。

晋帝石重贵在两次击退契丹军之后,有些飘飘然起来,以为契丹不足虑,任命杜重威为北面行营都招讨使,节制众将,准备北伐契丹,收回被石敬瑭割让的燕云十六州,并且扬言道:"有谁能够抓住辽太宗的,封节度使,赏钱万缗,绢万匹,银万两。"

会同九年(946年),辽太宗再度南下中原,杜重威率领晋军和辽太宗对峙于恒州（原镇州改，今河北正定）。此时的杜重威已经怀有异心，在晋军数量远多于契丹军的情况之下，迟迟不进军，反而不停地让石重贵继续派兵过来，京师的禁军都被发过来归他指挥。

契丹军和晋军对峙多日之后，杜重威打算投降契丹，派心腹到契丹大营中和辽太宗商量，希望可以像原来的石敬瑭那样，当中原的皇帝。辽太宗原本已经许诺让赵延寿当中原的皇帝，但是知道杜重威有投降之心，还是骗他说："赵延寿的威望很浅，恐怕不能当中原的皇帝，你如果真的投降我，我就让你当中原的皇帝。"

杜重威得信大喜，率领手下二十多万大军投降了辽太宗。辽太宗让杜重威穿上象征皇帝的赭黄袍，也让赵延寿同样穿上象征皇帝的赭黄袍。其实辽太宗自己已有当中原皇帝的心思，只不过用这种手段将赵延寿和杜重威玩弄于股掌之上。

杜重威投降之后，晋军主力尽失，再也无法抵挡契丹军了。会同十年（947年）初，耶律德光攻入开封，俘虏晋帝石重贵，后晋灭亡。辽太宗封石重贵为负义侯，将石重贵一家迁往遥远的黄龙府（今吉林长春市农安县）。

二月，辽太宗在开封接受百官朝贺，正式将国号改为大辽，大赦天下。辽太宗终于实现了入主中原的夙愿。

懊悔去世

辽太宗灭晋之后，没有好好地约束部下，结果辽军到处掳掠，随意杀人，将洛阳、开封周围方圆几百里都杀成了白地。辽军的暴行激起了中原百姓的反抗，中原百姓纷纷组织义军，攻杀辽国官吏，占据州县。原来的晋将刘知远也在晋阳（今山西太原市晋源区）称帝，原本投降辽国的各路节度使也纷纷反叛，投靠刘知远。

辽太宗待不下去了，才做了两个月的中原皇帝，便让萧翰留守开封，自己带领大军匆匆北返。一路之上，看到城池遭受兵革，都成废墟，辽太宗非常懊悔，总结了自己入主中原失败的三个原因：第一是各地搜刮百姓钱财；第二是纵容辽军掠夺百姓；第三是没有派节度使及时去治理各镇。辽太宗走到栾城（今河北石家庄市栾城区）时，在懊悔中，一病不起，以致去世，三年的血战终成泡影。

辽·三彩罗汉像

▶ 947年

秋闰七月，次潢河，太后、李胡整兵拒于横渡，相持数日。用屋质之谋，各罢兵趋上京。

——《辽史·卷五·本纪第五》

▌帝位之争

辽太宗的忽然去世，给大辽带来了空前的危机，在继位问题上，大辽内部分成两派：一派以太后述律平、皇太弟耶律李胡为首，另一派以东丹王长子耶律阮以及南征众将为首。两派激烈冲突，兵戎相见，以至于倾全国之力准备血战。关键时刻，耶律屋质力挽狂澜，化解危机，救了大辽。

时间
947年

争位双方
述律平、耶律李胡；耶律阮

结果
双方议和，耶律阮继位，为辽世宗

关键人物
耶律屋质

关键词
横渡之约

皇孙自立

辽同会十年（947年）四月，辽太宗在班师途中突然病逝，未曾留下遗命，辽国再次陷入群龙无首的局面。随辽太宗攻晋的南院大王耶律吼找到同样在军中的北院大王耶律洼商量辽国的未来，认为皇位一日不可空缺，但是如果向太后述律平请示，述律平肯定会立耶律李胡为帝，因为述律平非常喜爱这个儿子。辽太宗在位的时候，述律平就让辽太宗封耶律李胡为皇太弟，兼任天下兵马大元帅，现在辽太宗去世，太后肯定会让耶律李胡当皇帝。耶律李胡这个人生性暴戾残忍，如果当了皇帝，肯定不得人心。而辽太宗长子耶律璟

辽·三彩海棠盘
出土于内蒙古赤峰地区，现藏于内蒙古赤峰博物馆。辽三彩是辽代生产的低温彩色釉陶制品，与唐三彩区别是不用蓝色，施釉不交融，釉面少流淌。

还太小，只有17岁，难以服众，不如立人皇王的儿子耶律阮为帝。耶律阮是从大辽逃往后唐的人皇王耶律倍的长子，当初耶律倍因母亲述律平和弟弟辽太宗的猜忌和监视，弃国逃往后唐，儿子耶律阮还留在辽国。辽太宗南征后晋时，耶律阮也随军南下，辽太宗到了开封之后，改国号为大辽，大赦天下，封耶律阮为永康王。

北院大王耶律洼认同耶律吼的提议，认为耶律阮为人宽厚贤明，人心归附，而且又是前太子耶律倍的嫡长子，应该立为皇帝。辽国南征军中也有不少将领都希望立耶律阮为帝，如耶律安抟，他的父亲曾经因为支持耶律倍而被太后述律平所杀，现在也怕述律平如果立幼子耶律李胡为帝，会再次大开杀戒，所以也支持立耶律阮为帝。于是耶律吼、耶律洼、耶律安抟在辽太宗灵柩前面召集南征众将，说明要立耶律阮为帝，有敢不从的，军法从事。众将纷纷表示愿意拥立耶律阮为帝。耶律阮便在辽太宗的灵柩前继了皇帝位，就是后来的辽世宗。

祖孙交战

太后述律平得知孙子耶律阮在军中自立为帝，勃然大怒，辽太宗的灵柩

辽·汉白玉雕文殊菩萨
文殊菩萨是大智慧的象征，坐骑为一狮子。

到了辽国后，她既不哭，也不发丧，让幼子耶律李胡带兵攻打北归的耶律阮，准备等击败了耶律阮后再安葬辽太宗。辽太祖阿保机的弟弟耶律安端、侄儿耶律刘哥也都拥护耶律阮，率领本部兵，帮着耶律阮打耶律李胡，耶律李胡大败而归。

耶律李胡败还，述律平更加恼怒，把拥护耶律阮称帝的将领们的家属全都抓起来，告诉他们说："我去攻打耶律阮，如果不能取胜，回来把你们全都杀掉。"七月，述律平和耶律李胡率领大军赶到潢河（今内蒙古西拉木伦河）的横渡，在河边结阵，和孙子耶律阮隔河对峙，准备大战。辽国的士兵都惊骇无比，互相说："如果真打起来，那就是父子兄弟相残杀了。"

横渡之约

关键时刻,身为惕隐的耶律屋质挺身而出,对述律平说:"为今之计,双方最好讲和;如果不愿讲和,那就速战速决,不然人心动摇,对辽国危害不浅。"又说,"耶律李胡、永康王(已经称帝的耶律阮)都是太祖(阿保机)的子孙,不管谁当皇帝,皇位并没有被其他人夺去,为啥不能好好坐下来谈呢?"述律平听从了耶律屋质的话,派耶律屋质到耶律阮军中议和。

耶律阮见了耶律屋质之后,认为述律平和耶律李胡的兵都是乌合之众,不可能打得过自己的军队,所以言辞不逊。耶律屋质说:"纵使太后的军队不是大王军队的对手,双方也都是骨肉亲人啊,况且还不知道谁输谁赢呢,就算大王侥幸胜利了,被太后所抓的大臣们的家属怎么办?只怕全部都要被杀。所以最好还是讲和吧。"在耶律屋质的劝说下,耶律阮同意讲和,问耶律屋质该怎么做,耶律屋质让耶律阮和述律平见面,然后各抒己见,耶律阮也同意了。

耶律阮和述律平见面之后,互相对骂,互相指责,丝毫没有讲和的意思。耶律屋质问述律平:"以前人皇王(耶律倍)已经被立为太子了,太后为什么还要立太宗为帝?"述律平嘴硬,说:"立太宗为帝,太祖曾经是有过遗旨的。"耶律屋质又问耶律阮:"大王为什么没有禀告太后,便自立为帝?"

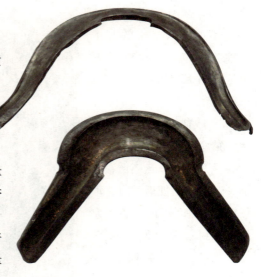

辽·银鞍桥
出土于赤峰市松山区大营子驸马墓,现藏于内蒙古赤峰博物馆。

耶律阮说:"我父亲本来就应该当皇帝,却不能继位,以至于要逃到唐朝,所以我不禀告。"耶律屋质分别指出来两个人的不对之处,一方面,述律平不该假托阿保机遗命,立太宗为帝;另一方面,耶律阮见了述律平,毫无恭敬之意,只知道横加埋怨。

耶律屋质见述律平、耶律阮互不相让,说:"你们这样互不相让,还怎么讲和,倒不如赶紧交战吧!"说完拂袖要走。述律平和耶律阮见状,都表示各退一步,让耶律屋质重新做中间人。双方重新谈论该由谁来继承皇位,耶律屋质说:"太后让永康王当皇帝吧,这样顺天应人,还有什么疑问吗?"和述律平一起前来的耶律李胡听完,立刻不答应了,说:"我都还在这里呢,凭什么让耶律阮当皇帝!"耶律屋质说:

"按照礼法,皇帝之位应该传给嫡长子而不是弟弟,当年太宗皇帝取代人皇王继承帝位,尽管文韬武略,尚且被人非议,何况你暴戾残忍,不得人心。现在众望所归,都愿立永康王为帝王,已成定局,没法再改了。"最后述律平不得不承认耶律阮为新的皇帝,她对耶律李胡说:"虽然我最喜欢你这个孩子,但是你自己不得人心,不是我不想立你为帝啊。"

谋乱迭起

横渡之约之后,耶律阮便将述律平和耶律李胡送到祖州(今内蒙古巴林左旗西南)软禁了起来,但辽国内部的帝位之争并未结束。天禄二年(948年),辽太宗耶律德光的第三子耶律天德不甘心帝位被耶律阮占据,联合萧瀚以及耶律寅底石的两个儿子耶律刘哥、耶律盆都伺机谋杀耶律阮。耶律石剌知道了他们的密谋,急忙告诉耶律屋质,耶律屋质将耶律刘哥等人带去见耶律阮。耶律刘哥巧言掩饰,耶律阮并没有深究。后来耶律刘哥邀请耶律阮观看博戏,在袖中藏了利刃,想要谋杀耶律阮,结果被耶律阮发觉,质问耶律刘哥,耶律刘哥拒不承认,并且发毒誓说:"我如果有谋反之心,就让我长千顶疽而死。"耶律阮又打算宽恕他们,耶律屋质却坚持让耶律石剌和耶律刘哥对质,耶律刘哥等人终于服罪,耶律阮诛杀耶律天德,杖打萧瀚,流放耶律刘哥,却没有处置耶律盆都。泰宁王耶律察割(阿保机弟耶律安端之子)也有觊

辽·彩绘宴饮图棺板

觎帝位之心，并且假装诚实骗取耶律阮的信任，一直寻找机会，想要弑杀耶律阮。天禄三年（949年），耶律屋质察觉到了耶律察割的阴谋，上书耶律阮，列举耶律察割的罪状。耶律阮不但不信，还将耶律屋质的奏章拿给耶律察割看。耶律察割狡辩称那是耶律屋质嫉妒自己，自己并没有谋逆之心。耶律阮轻信了耶律察割的谎言，未对耶律屋质的提醒在意，终于导致了悲剧的发生。

被弑火神淀

天禄五年（951年），后汉大将郭威造反，攻入开封，自立为帝，国号大周，史称后周。河东节度使刘崇因为儿子被郭威所杀，反抗郭威，在太原也自立为帝，建立后汉政权，并且向辽国求援。耶律阮答应了刘崇的请求，准备领兵攻打后周，辽国将领们多不愿南下，但是耶律阮还是强令他们跟随自己南下。

九月份，辽军到达火神淀（今河北宣化西），耶律阮在火神淀祭奠自己的父亲耶律倍，宴请众臣，当天大臣们都喝得大醉。深夜，早有谋逆之心的耶律察割和耶律盆都领兵冲入行宫，杀死了耶律阮。混乱之中，耶律屋质更换衣服，逃了出来，然后联合辽太宗的长子耶律璟，率领皮室军平叛，最后抓住了谋逆的首领耶律察割，将耶律察割割肉碎杀。耶律阮已死，辽国众臣拥护耶律璟为大辽的第四任皇帝，即辽穆宗。

辽代皇帝列表

庙号	汉名	契丹名	常用名称	在位时间
太祖	亿	阿保机	耶律阿保机	916年—926年
义宗（辽世宗追谥）	倍	图欲	耶律倍	—
—	平	月里朵	述律平	926年—927年
太宗	德光	尧骨	耶律德光	927年—947年
世宗	阮	兀欲	耶律阮	947年—951年
穆宗	璟/明	述律	耶律璟	951年—969年
景宗	贤	明	耶律贤	969年—982年
圣宗	隆绪	文殊奴	耶律隆绪	982年—1031年
兴宗	宗真	只骨	耶律宗真	1031年—1055年
道宗	洪基/弘基	查剌	耶律洪基	1055年—1101年
	延禧	阿果	耶律延禧	1101年—1125年

辽·三彩瓷盘

敞口,折沿,花瓣形弧壁,平底。通体以黄、绿、褐三色装饰花纹和凤纹,模印清晰,层次分明。

969年—982年

己巳，穆宗遇弑，帝率飞龙使女里、侍中萧思温、南院枢密使高勋率甲骑千人驰赴。黎明，至行在，哭之恸。群臣劝进，遂即皇帝位于柩前。

——《辽史·卷八·本纪第八》

景宗中兴

穆宗在位18年，大辽国力跌至谷底，景宗继位后，力除旧弊，举贤任能，使大辽开始走向全盛。景宗在位后期，一举击败连战连胜的宋军，扭转了十几年来军事上的劣势。

君主
辽景宗耶律贤

在位
969年—982年

举措
改革弊政、举贤任能、赏罚分明

主要成就
高梁河大败宋军；中兴大辽

继位为帝

辽景宗耶律贤是辽世宗耶律阮的次子，天禄五年（951年），辽国发生火神淀之乱，耶律贤的父亲耶律阮和母亲萧撒葛只被杀，耶律贤当时只有四岁，侥幸逃过。辽穆宗继承帝位之后，终日饮酒作乐，不理朝政，而且肆意杀人，搞得辽国动荡不安。耶律贤渐渐长大，眼看着辽穆宗酗酒怠政，也谋划着夺回父亲的帝位，终日与亲信韩匡嗣、女里等人谈论朝廷大事。耶律贤适出面制止耶律贤，亲信耶律贤从此不再言论朝政，所以辽穆宗在位期间，很多人都因为谋反败露被杀，只有耶律贤一直没被辽穆宗怀疑。

应历十九年（969年），嗜杀成性的辽穆宗被近侍杀死，耶律贤得信之后，和亲信飞龙使女里、侍中萧思

辽墓人物壁画
髡发左衽，外罩袍服，圆领，窄袖。侍立者双手互叠至胸间，表情严肃，为当时下层典型契丹男侍像。

温、南院枢密使高勋率领骑兵1000多人连夜赶过去，在辽穆宗的灵柩前放声大哭，哭得非常悲伤。群臣被耶律贤的表演感动，一起劝进，拥戴耶律贤为皇帝，是为辽景宗。

中兴辽国

以前辽穆宗在位期间，不理朝政，内乱不止，辽国国力不断衰退，和中原王朝的交锋也处于下风。辽景宗继位之后，开始力除以前的弊政，恢复辽国国力。保宁三年（971年），辽景宗恢复了被辽穆宗废弃的登闻鼓院，让百姓有了可以申述冤情的地方。保宁八年（976年），辽景宗又恢复了南京（今北京）的贡院，让汉人可以通过科举进入官场，身登要职。

辽景宗在人才的任用上，实行唯才是举的政策，不管是辽人，还是汉人，只要有才能，他都会重用，这点在以前是根本不可能的，辽国前几任皇帝虽然也会用汉人，但汉人想要进入辽国的中枢机构任要职却是难上加难，高层官员一般都是辽人。辽景宗重用了很多有才能的汉人，譬如他的亲信韩匡嗣就是汉人，被辽景宗任命为南京留守，加封燕王。另一名汉人高勋，也被辽景宗任命为南枢密院使，加封秦王。耶律屋质、耶律休哥、耶律斜轸、耶律沙这些有才能的辽人，同样也被辽景宗加以重用，任命要职。

经过辽景宗的多项措施，辽国内部开始渐渐稳定，国力渐渐增强。

高梁河大战

保宁十一年（979年），宋朝灭掉南唐、后蜀、南汉等割据国家之后，第

辽代人物蜡像
由于北方寒冷，契丹人冬天常着长裘皮袍，认兽皮颜色和珍稀程度来区别人物的身份。

二任皇帝宋太宗赵光义率领大军攻打辽国的附庸国北汉。北汉国主刘继元急忙向大辽求救。辽景宗任命南府丞相耶律沙为统帅，和冀王耶律敌烈一起救援。耶律沙率领辽军赶到白马岭（今山西盂县）时，打算等后续部队过来后再一起渡河，但是冀王耶律敌烈却认为应该急速行军，进击宋军。耶律沙不得已，只好率军渡河，结果刚渡到一半，宋军将领郭进突然率军袭击，辽军大败，冀王耶律敌烈也被杀死。辽军退去，北汉的都城太原被北宋军攻破，北汉灭亡。

宋太宗灭掉北汉之后，不顾宋军疲敝和粮草不继的情况，执意北伐辽国，想要恢复燕云十六州。辽国北院大王耶律奚底、统军使萧讨古、乙室王撒合率领辽兵和宋兵战于沙河（今昌平区沙河），结果辽军大败，宋军围困南京（今北京）。辽国守卫南京的权知南京留守事韩德让（韩匡嗣之子）、权南京马步军都指挥使耶律学古率辽军奋力抵抗，宋军一时未能攻下南京城。

辽景宗得知南京被围，又派耶律沙、耶律休哥率兵前往救援。当时北方的宋军有30万，守卫南京的辽军，南京城外耶律奚底、耶律斜轸等率领的辽军，耶律沙、耶律休哥前来救援的辽军，以及其他皮室军等，加起来一共也有20万人左右。此战已经成为辽、宋两国赌国运之战。

七月，耶律沙率领的援军赶到，和宋军相遇于高粱河（今北京河流），两军交战，辽军大败。耶律沙败退，遇到耶律休哥、耶律斜轸，乘夜再次进攻宋军。这次辽军以耶律沙的军队和宋军正面交锋，耶律休哥和耶律斜轸分统骑兵从两面夹击宋军。南京城中的辽军也在耶律学古的率领下，打开城门，鸣鼓大呼，攻击宋军。宋军顿时陷入辽军的四面围攻之中，双方激战，耶律休哥身先士卒，身被三创，仍然力战不退。宋军大败，溃不成军，死者上万人。宋太宗慌忙之中，乘驴车才逃掉。宋军丢掉的兵仗、器甲、符印、粮馈、货币数不胜数。

高粱河大战以辽军的胜利告终，辽国一战扭转了辽穆宗时期在军事上对中原王朝的劣势局面。战后，辽景宗赏罚分明，对坚守南京城的韩德让、耶律学古都进行了褒奖；对曾经在白马岭大败的耶律沙进行了责骂，但是因为耶律沙在高粱河击败宋军，功过相抵，不再追问；北院大王耶律奚底交战的时候无故而退，被辽景宗用剑敲打脊背，以示警告；乙室王撒合虽然被宋军击败，但是队伍却不乱，得到宽宥；冀王耶律敌烈在白马岭战死时，其麾下逃跑的士兵都被处斩；耶律休哥、耶律斜轸等在高粱河大战中立有战功的将领都得到了赏赐。

乾亨四年（982年）九月，辽景宗在云州（今山西大同）打猎时，因病去世，年仅35岁。辽景宗虽然英年早逝，但他在位期间，大辽由衰转盛，开始走向全盛。

辽·泥塑彩绘侍女头像

此像体现了契丹妇女的髡发习俗：前额边沿部分剃去，其他头发在颅顶一部分用绢带结扎，带结位于颅顶偏后；另在左侧分出一小绺，编结成一条小辫，绕经前额上方再盘回颅顶，压在束发上面，和束发结扎在一起；耳后及脑后的长发向身后下披，垂过颈部。面部写实逼真，为辽代泥塑精品。

少年中国史

▶ **1004年**

后明达治道，闻善必从，故群臣咸竭其忠。习知军政，澶渊之役，亲御戎军，指麾三军，赏罚信明，将士用命。圣宗称辽盛主，后教训为多。

——《辽史·卷七十一·列传第一》

传奇女性萧太后

萧太后很好地诠释了"巾帼不让须眉"这句话，景宗去世后，面对孤儿寡母的情况，她任用贤臣，力除弊政，让百姓安居乐业，使大辽进入全盛时期。

代表性事件
澶渊之盟

时间
1004年

地点
澶州（今河南濮阳）

国家
辽、宋

人物
辽：萧太后、辽圣宗
宋：宋真宗、寇准

影响
辽宋结束战争，进入百年和平期

辽圣宗耶律隆绪铜像
耶律隆绪（972年—1031年），辽国第六位皇帝，契丹名文殊奴，景宗耶律贤长子，景宗病死后继位，在位50年，为大辽王朝在位时间最长的皇帝。此铜像收藏于吉林省白城市博物馆。

临朝称制

辽乾亨四年（982年）九月，辽景宗在打猎途中因病去世，临终留下遗诏："梁王隆绪继位，军国大事听皇后命。"梁王隆绪就是辽景宗的长子耶律隆绪，后来的辽圣宗。皇后萧绰，小名燕燕，北府宰相萧思温之女，后来的萧太后。

辽景宗虽然留下了遗诏，但是他去世之时，辽圣宗只有12岁，年轻的萧太后也只有30岁。孤儿寡母，面对的是手握重兵的宗室诸王，以及新兴、强大的宋王朝。而且萧太后的父亲萧思温早就被人刺杀，萧太后根本没有强有力的后族可以依靠。后周世宗柴荣就是因为英年早逝留下孤儿寡母，所以才被赵匡胤黄袍加身篡权夺位的，萧太后面临同

萧太后临朝主政故事蜡像
萧太后（953年—1009年），名绰，字燕燕，契丹人。辽景宗耶律贤的皇后，辽北院枢密使兼北府宰相萧思温之女，历史上被称为"承天太后"，辽史上著名的女政治家、军事家。现藏于内蒙古赤峰宁城县辽中京遗址博物馆。

样的危险局面。

萧太后找来辽景宗信任的重臣耶律斜轸、韩德让，流着泪对两人述说自己面临的局面，然后求教于两人。耶律斜轸和韩德让立刻表示忠心，让萧太后信任他们两个。于是萧太后让两人参决辽国大政，南方的事情都委任给耶律休哥。由于耶律斜轸、韩德让、耶律休哥等心腹大臣尽心尽力地辅佐，辽国的这一次权力交替得以平安过渡，没有出现大的动荡。

除弊革新

辽景宗在世之时，因为体弱多病，政事便多由萧绰协助处理。辽圣宗继位之后，因为年龄太小，政事更是全由萧太后做主。萧太后除了重用耶律斜轸、韩德让等人，又提拔了一些贤能的人，委以重任，如萧挞凛、室昉、邢抱朴、马得臣等人，这些人既有辽人，也有汉人，萧太后不论其出身，唯才是举。而对于一些作奸犯科或胡作非为的官员，萧太后也都会惩罚，譬如太师柘母因为善于迎合被痛打，南院大王耶律勃古哲因为虐待百姓被杖打。萧太后赏罚分明，在她的治理下，辽国政治比辽穆宗时清明了很多，国内也稳定了很多。

萧太后对国内的百姓也采取了较为宽松的政策，她鼓励百姓垦荒耕种，对垦荒的农民给予各种形式的帮助，或者给予耕牛，或者给予种子，或者减免赋税。她还制定政策，只允许辽国贵族在规定的时间里狩猎，规定时间外，不允许狩猎妨碍农事。若是遇到灾荒年，她又会减免赋税，赈济难民。经过萧太后的改革，辽国国力渐渐恢复。

澶渊之盟

统和四年（986年）三月，宋太宗趁着辽圣宗年幼、萧太后一介女流称制之际，兵分三路大举北伐，希望可以收复燕云十六州，一雪高梁河大败之耻。宋军东路军以大将曹彬为主将，从雄州（今河北保定市雄县）进攻；中路军以田重进为主将，从飞狐（今河北保定市涞源县）进攻；西路军以潘美、杨业为主将，从雁门关（今山西忻州市代县北）进攻。

耶律休哥派人告急。萧太后令耶律休哥抵御东路曹彬军，令耶律斜轸抵御西路潘美、杨业。萧太后与辽圣宗、韩德让引领大军支援耶律休哥。五月，辽军与宋军在岐沟关大战（今河北涿州市西南），结果宋军大败，死伤数万

宋辽澶渊之盟
北宋景德元年（1004年）宋辽澶渊之盟模拟场景雕塑，内蒙古博物院。盟约缔结后，第二年，宋朝派人去辽国贺萧太后生辰，宋真宗致书时"自称南朝，以契丹为北朝"，宋、辽之间百余年间（120多年）不再有大规模战事，礼尚往来，通使殷勤。辽朝边地发生饥荒，宋朝也会派人在边境赈济，宋真宗崩逝消息传来，辽圣宗"集蕃汉大臣举哀，后妃以下皆为沾涕"。因澶州又名澶渊，遂史称"澶渊之盟"。

人。宋军的中路军、西路军得知东路军战败，也开始撤退。耶律斜轸率兵追击，俘虏宋军西路主将杨业，杨业被俘之后，绝食三日殉国。

宋军的北伐以惨败告终，从此不敢再大规模北伐，由主动进攻开始转成被动防守。大辽却反守为攻，之后在南京统军使萧挞凛的率领下，辽军多次南下，数败宋军，且俘获宋军将领王先知、王继忠。

统和二十二年（1004年），萧太后、辽圣宗亲统大军，南下伐宋。辽军一路连破宋军，一直打到澶州（今河南濮阳）城下。宋朝第三任皇帝宋真宗听到辽军大举南下，急忙问计于众臣，朝中大臣如王钦若、陈尧叟等人都主张放弃首都东京（今河南开封），迁都江南或者四川。只有宰相寇准主战，请求宋真宗御驾亲征，北上抗击辽军，最后宋真宗带兵进入澶州。

宋军见皇帝到来，士气高涨，伏弩射杀辽军大将萧挞凛。辽军士气受挫，王继忠建议双方讲和，萧太后采纳了王继忠的建议。宋真宗也不愿和辽军继续作战，派出曹利用讲和。萧太后希望宋朝归还原来被周世宗侵占的土地，宋朝方面再派曹利用回复萧太后，说那些土地原本就是宋朝的土地，不同意归还。双方只好继续互派使者，进一步讨价还价，最后双方终于议和成功。

议和的主要内容有以下几点：

一、辽、宋为兄弟之国，宋真宗

澶渊之盟碑

濮阳宗迹自萧条，
千古悲风涕泪飘。
青史迷茫衰败事，
残碑读罢话前朝。
莹霜利剑驱狼尽，
指斾北荒望敌消。
雅韵何成边塞固，
长输帛玉重民徭。

为兄，辽圣宗为弟，宋真宗尊萧太后为叔母。

二、双方以白沟河（华北河流，流经山西、河北张家口、保定等地）为国界。

三、宋每年向辽提供军旅之费白银10万两、绢20万匹。

四、两国边境开设榷场，发展互市贸易。

因为此次议和的地点在澶州，宋朝时又称澶渊，所以史称澶渊之盟。澶渊之盟过后，双方各自罢兵，辽、宋两国结束了长达26年的战争，进入相对和平的时期。在之后的百年里，双方互通使者，来往频繁，双方的百姓也免遭战祸之苦。

辽、宋两国自从澶渊之盟后，一直保持着友好、和平的关系。辽圣宗亲政后，和宋朝关系良好。辽圣宗的儿子辽兴宗继位之后，起初也和宋朝保持良好的关系。但是宋朝内部却出现了一些变故。

统和二十七年（1009年）十一月，萧太后举行了柴册礼，正式归政于儿子辽圣宗。一个月后，一代传奇太后病逝于行宫，享年57岁。

1042年

既退，六符曰："吾主耻受金帛，坚欲十县，何如？"弼曰："本朝皇帝言，朕为祖宗守国，岂敢妄以土地与人。北朝所欲，不过租赋尔。朕不忍多杀两朝赤子，故屈己增币以代之。若必欲得地，是志在败盟，假此为词耳。澶渊之盟，天地鬼神实临之。今北朝首发兵端，过不在我。天地鬼神，其可欺乎！"

——《宋史·列传第七十二》

联夏迫宋

澶渊之盟后，辽宋交好，数十年无战事。辽兴宗继位后，趁宋朝内忧外患，大兵压境，向宋朝提出新的条件，双方经过交涉，辽兴宗终于达到了目的。

事件
重熙增币

时间
1042年

双方
辽、宋

原因
李元昊建西夏，宋朝屡败于西夏，内忧外患；
辽兴宗欲坐收渔利

主要谈判人员
辽：萧英、刘六符
宋：富弼、张茂

结果
在澶渊之盟基础上，宋每年增银10万两、绢10万匹给辽

辽·鎏金女性面具
宋人文惟简编写的《虏廷事实》记载，契丹人死后有"以金银为面具，铜丝络其手足"的特殊葬俗。面具制作材料有金、银、铜、铜鎏金等。

谋划伐宋

辽重熙七年（1038年），党项人李元昊在甘肃、宁夏一带称帝，建国号大夏，定都兴庆（今宁夏银川），史称西夏。宋廷闻讯震怒，宋朝第四任皇帝宋仁宗派兵讨伐西夏，宋夏战争爆发，宋朝与西夏先后发生了三川口之战、好水川之战等战役，结果宋军连战连败。宋夏连年交兵，也导致了宋朝军费激增，百姓赋税加重，国内又爆发了壮族起义。

辽兴宗见宋朝内忧外患，有利可图，便想趁机坐收渔翁之利。重熙十一年（1042年），辽兴宗召集大臣，商议国事，打算率军南下攻

宋，夺回原来藩属国北汉的领地以及被后周世宗攻占的三关三州之地。南院枢密使萧惠支持辽兴宗伐宋，认为宋朝西征多年，师老民疲，如果这个时候讨伐宋朝，必然可以获胜。朝臣们大都支持辽兴宗伐宋，只有北院枢密使萧孝穆说："原来太祖（指阿保机）多次南伐，都无功而返；太宗（指耶律德光）也曾攻入开封，结果后来又被周世宗打回来；辽圣宗时，大辽和宋朝交兵20多年，最后仅仅只是双方讲和。现在虽然国家富强了，但是昔日的猛将们却大都已经去世，和宋人交战，胜败未知。而且辽宋盟约多年，一向交好，现在无故伐宋，大辽理亏，还是不要伐宋为好。"辽兴宗不听，还是打算伐宋。

该年正月，辽兴宗到老臣前丞相张俭的家中，询问伐宋之策。张俭给了辽兴宗一个建议：不必急于伐宋，不如先派遣使臣去宋朝交涉，如果宋朝不能满足要求，再讨伐不迟。辽兴宗接受了张俭的建议，一面让皇太弟耶律重元、南院枢密使萧惠率领大军直逼宋朝边境，给宋朝造成压力，一面派南院宣徽使萧英、翰

辽兴宗耶律宗真铜像
耶律宗真（1016年—1055年），名只骨，字夷不堇，辽国第七位皇帝。现存于吉林白城市博物馆。

辽·千秋万岁钱
钱文吉祥，受到辽国皇室和贵族们的喜爱。现藏于中国国家博物馆。

林学士刘六符出使宋朝，索要燕云的土地，并且质问宋朝为什么伐夏。

重熙增币

三月，萧英、刘六符到了宋都开封，献上辽兴宗的书信，向宋仁宗索要晋阳（原为大辽属国北汉之地）以及瓦桥关（今河北雄县县城西南）以南的10个县，理由是瓦桥关以南的土地是原来后晋石敬瑭割让给大辽的，后来无故被后周世宗柴荣攻占夺去，理应归还。辽兴宗在书信中还说李元昊已经向大辽称藩，纵然他有罪，宋朝也应该先向西夏的宗主国大辽通报一声，何况现在西夏无罪，宋朝不通知大辽一声便讨伐西夏，也属不

富弼像

富弼（1004年—1083年），字彦国，洛阳人，北宋名相。宋仁宗时出使辽国，拒绝割地要求；参与推行庆历新政，现存《富郑公集》一卷。

应该。另外，辽兴宗还指责宋朝不该在辽宋边境增兵，增加两国疑虑。辽兴宗在书信中威胁宋仁宗，让宋仁宗归还晋阳以及瓦桥关以南10县，这样才能使两国继续和睦相处下去。

宋朝方面也派使者富弼、张茂到辽国，对辽国的指责进行了驳斥：第一，辽宋澶渊之盟时便已声明了对以前的事不再纠缠，辽国不该再拿这个做文章，如果双方都追究以前的事，对辽国没啥好处（指辽国很多土地以前都属于唐朝的疆土）；第二，瓦桥关以南10个县城都是后周时候的事情，辽国也不应该再提；第三，党项原本就是宋朝的藩属，现在李元昊竟然敢僭号称帝，宋朝理当征讨；第四，宋朝边将增兵本就是职责所在，辽国不应在意这个。

辽兴宗还是坚持让宋朝割让土地，威胁富弼如果不同意，就要出兵。富弼说："辽宋若是交好，则是您获利而下边的大臣们无利可图；辽宋若是开战，则是下边的大臣们获利而您遭受祸患。所以劝皇上您对宋用兵的人，都是为自身考虑，而不是为国家考虑。"辽兴宗惊问其故。富弼说："以前后晋时，国土面积狭小，晋臣们多叛乱，纵然如此，大辽获胜后，仍然是士兵马匹损伤很多，而掠夺的金银珠宝都到了大臣们的家中。现在宋朝疆域万里，精兵万计，大辽若再用兵，能保证一定会获胜吗？"辽兴宗自认不能保证。富弼又说："两国若是交战，胜负未知，就算是大辽胜了，战死的士兵马匹都是您的损失，下边的大臣们却不会损失什么。如果两国通好，则宋朝每年都会给大辽岁币，获利的是您。"

富弼的一席话打动了辽兴宗，辽兴宗同意和宋朝议和。最终双方达成协议：在澶渊之盟的基础上，宋朝每年给辽国的岁币增加白银10万两、绢10万匹。

八月，富弼等人再次出使辽国，辽兴宗又提出新的条件：宋朝给大辽输送岁币的文表中应该用"献"字。宋朝方面不同意，认为辽宋是兄弟之邦，地位是平等的，而"献"却是以下奉上。辽兴宗退而求其次，要求宋朝使用"纳"字。富弼还想力争，但宋仁宗求和心切，答应了辽兴宗这一要求。辽宋关系缓和，重归于好，此次事件史称重熙增币。

辽·鎏金高翅银冠

辽陈国公主入葬时头戴的鎏金高翅银冠,冠为高筒式,圆顶,冠口双层,外鎏金,内侧可见为银片制造。冠体用四块圭形薄银片拼成圆筒状,可看出接合的痕迹。冠的正面镂孔并錾刻花纹,正中为一个火焰宝珠,左右两侧各有一只长尾飞凤。冠的两立翅还錾刻一只凤鸟,长尾下垂,周围饰有卷云纹。翅及冠箍周边錾有卷草纹。冠顶后部錾刻变形云纹。冠顶为道教元始天尊像。

> **1063年**
>
> 将战，其党多悔过效顺，各自奔溃。重元既知失计，北走大漠，叹曰："涅鲁古使我至此！"遂自杀。
>
> ——《辽史·列传第四十二》

重元叛乱

耶律重元在母亲阴谋立他为帝时，可以将母亲的阴谋告诉兄长辽兴宗，但是到了晚年，却在儿子的诱导下，发动叛乱，这和辽兴宗、辽道宗二帝一直对他的信任也有很大关系。

时间
1063年

地点
今内蒙古宁城县

叛首
耶律重元

参与者
耶律涅鲁古、陈六、萧胡睹等

原因
辽兴宗传位其子辽道宗，耶律重元身为皇太弟不能继位，耶律涅鲁古蛊惑

结果
耶律涅鲁古战死，耶律重元自杀，叛乱失败

辽·浮雕龙纹大铜镜
凌源马家沟辽墓出土，现藏于辽宁省博物馆。

备受宠信

辽兴宗去世之后，留下遗诏，让长子耶律洪基继位，是为辽道宗。辽道宗继位后，册封自己的叔父耶律重元（1021年—1063年）为皇太叔，赞拜不名，为天下兵马大元帅，又赐金券、四顶帽、二色袍，尊宠之盛，以前未曾有过。

耶律重元是辽圣宗次子，辽兴宗的弟弟。辽圣宗去世后，辽兴宗继位，兴宗的母亲萧耨斤因为和兴宗关系不睦，阴谋发动政变，废掉辽兴宗，改立耶律重元为帝。耶律重元得知母亲的阴谋后，不但不和母亲萧耨斤策划谋逆，反而将萧耨斤的阴谋告诉辽兴宗。辽兴宗先发制人，杀死萧耨斤的近侍们，收掉她的符玺，将她迁到庆州（今内蒙古赤峰市巴林右旗）软禁，粉碎了这次阴谋。事后，辽兴宗封耶律重元为皇太弟，对耶律重元非常信任，并且还说过千秋万岁之后会

传皇帝位给耶律重元的话。耶律重元暗自欣喜，凭着辽兴宗的宠信，愈加骄纵不法。

辽兴宗去世的时候，并没有把帝位传给耶律重元，反而传给了儿子辽道宗。辽道宗继位后对耶律重元依旧宠信，但是耶律重元没能继位，难免失望，开始和儿子耶律涅鲁古策划谋反。

辽·青铜镞
扎赉诺尔小河口出土，现藏于内蒙古满洲里市扎赉诺尔博物馆。

阴谋败露

北院大王耶律仁先颇有德信，深得百姓之心，耶律重元、耶律涅鲁古对他非常忌惮，于是向辽道宗建议任命耶律仁先为西北路招讨使，意欲将耶律仁先调离出京城。辽道宗不知道耶律重元父子的阴谋，打算将耶律仁先调出京师，北院枢密使耶律乙辛对辽道宗说："耶律仁先是先帝时的旧臣，德望冠绝一时，不能这么匆忙调离京师。"辽道宗听从了他的话，才没有将耶律仁先调出京师，而是改任南院枢密使，进封许王。耶律重元父子的阴谋没有得逞。

耶律涅鲁古又替耶律重元出谋划策，让耶律重元假装生病，然后骗辽道宗过来探视，趁机将他杀死。敦睦宫使耶律良知道了耶律重元的阴谋，但是因为辽道宗宠信耶律重元，不敢直接和他说。耶律良先找到太后，将耶律重元的阴谋告诉太后，太后借口身体不适，召辽道宗过来，将耶律重元谋乱的事情告诉辽道宗。辽道宗还是很信任耶律重元，不相信他会叛乱，觉得耶律良是在离间他和耶律重元的关系。耶律良发誓，说如果自己说假话，甘愿被杀掉，并且向辽道宗献计：皇上您如果不早做准备，以后恐怕会堕入他

辽·工具形玉佩
出土于辽陈国公主驸马合葬墓，墓中出土玉器数量较多、种类丰富、工艺精美，足以代表辽代玉器的最高水平。其中工具形组玉佩，1组7件。

们的奸计，皇上可以派人去召耶律重元和他儿子耶律涅鲁古，如果他们敢过来那就说明他们没谋反，如果他们不敢过来，那说明他们谋反了。南院枢密使耶律仁先也怀疑耶律重元谋反，于是辽道宗听从耶律良的建议，派使者去召耶律重元父子，结果到了那边便被耶律涅鲁古关起来了，好在使者比较机灵，用佩刀割开帐布，逃了回来，将情况告诉辽道宗，辽道宗这才相信耶律良的话。

辽·绿釉划花单柄壶

壶小口内收，壶身为四瓣瓜棱形，肩部一侧置多棱形短流，相对应的另一侧置双股绳形系。壶腹一侧置竹节式横柄，柄端凸起一小纽。肩部饰两道凸弦纹，腹部刻划大小扇形纹，柄与壶身连接处以螺旋形刻划花纹巧加修饰，十分别致。壶施绿釉，鲜翠欲滴，明亮可鉴。此壶造型、纹饰独特，是辽代早期瓷器中的珍品。

兵败自杀

清宁九年（1063年）七月，辽道宗到太子山（今内蒙古赤峰市宁城县）打猎，耶律重元和其子耶律涅鲁古，以及党羽陈国王陈六、同知北院枢密使事萧胡睹、卫王耶律贴不、南京统军使萧迭里得等400多人首先发难，胁迫军队攻击辽道宗位于滦河边的行营。辽道宗听闻叛乱，仓促间想抛弃随从护卫，逃往北、南大王院躲避，南院枢密使耶律仁先对辽道宗说："陛下如果抛弃随从护卫而去，恐怕贼党们随后就追过去了，现在南、北大王院情况不明，不知

辽·佚名·秋林群鹿图

画中林木茂密，丹黄掩映，群鹿栖息其间，或立或卧，或隐于林内，或立于林际。此画曾为元代皇帝收藏，被认为是辽画中的精品。现藏于中国台北"故宫博物院"。

道他们究竟是支持陛下的,还是支持耶律重元的,怎么能冒险过去?"辽道宗还是想逃往南、北大王院,耶律仁先的儿子耶律挞不也说:"皇上的意思怎么能违背呢?"耶律仁先大怒,打了儿子的头。这时候,北院宣徽使萧韩家奴也赶了过来,扯着辽道宗所乘马的辔头固谏,阻止辽道宗去南、北大王院。辽道宗这才醒悟过来,留了下来,将讨伐叛乱的事全权交给耶律仁先。耶律仁先和知北枢密院使耶律乙辛等人率领宿卫军抵抗叛军。耶律仁先将马车围绕成营垒,把行马(用于阻止人马的木制障碍物)都拆掉,作为兵器,然后率领官属近侍30多名骑兵列阵于最外边。耶律重元的军队赶到后,锐气甚盛,耶律仁先率领宿卫军奋勇抵抗,甚至太后也亲自督促将士们迎战。南府宰相萧德身先士卒,击败叛军前锋,叛军开始溃败,纷纷投降,耶律涅鲁古也被辽道宗的军队射杀,耶律重元负伤退去。

耶律重元的党羽耶律萨喇图又胁迫2000奚人猎夫前来支援,不甘心失败的耶律重元和党羽们商量之后,决定黎明时再次攻击辽道宗的行营。黎明时分,耶律重元、耶律萨喇图等人再次率领叛军进攻辽道宗行营。耶律仁先率领耶律乙辛、萧德、耶律良等人背靠行营结阵,迎战叛军。北院宣徽使萧韩家奴晓谕奚人猎户:"你们投效逆贼,只会导致族灭,为什么不及时悔改,转祸为福呢?"奚人猎户纷纷弃械投降,叛军溃败,耶律仁先率军追杀20多里。耶律重元只带了几名随从逃出,一直逃到大漠,自知大势已去,叹息道:"耶律涅鲁古误导我,才让我沦落到这个地步。"说完自杀而死。

辽道宗皇帝契丹文哀册并盖
1930年出土于今内蒙古巴林右旗白塔子乡辽庆陵的西陵即永福陵中,现存于辽宁省博物馆。汉文合篆盖呈盝顶形,中央台面刻篆体汉字"仁圣大孝文皇帝哀册",旁刻八卦符号,四周斜面刻十二生肖神像。册文共36行,第一行为题目"道宗仁圣大孝文皇帝哀册",第二行为撰者耶律俨的官衔和姓名,第三行以后为正文,简述道宗的功绩及天祚帝哀悼道宗的情怀。

1065年

重元乱平，拜北院枢密使，进王魏，赐匡时翊圣竭忠平乱功臣。咸雍五年，加守太师。诏四方有军旅，许以便宜从事，势震中外，门下馈赂不绝。凡阿顺者蒙荐擢，忠直者被斥窜。

——《辽史·卷一百十·列传第四十》

耶律乙辛擅权

耶律乙辛擅权14年中，冤杀皇后，陷害太子，杀害大批正直大臣，使辽国元气大伤，开始走向衰亡。可以说，辽的灭亡，耶律乙辛是负有一定责任的。

主角
耶律乙辛

侍奉君王
辽道宗

事件
制造《十香词》冤案，陷害皇后萧观音；
陷害太子耶律浚；
陷害忠直大臣

影响
导致辽国后继无人，走向衰落

结局
被杀

排除异己

辽道宗平定耶律重元的叛乱之后，对平叛的功臣都进行了重赏，两个最重要的功臣耶律仁先和耶律乙辛当然也不例外。耶律仁先被任命为北院枢密使，加封宋王；耶律乙辛被任命和耶律仁先一同管理北院事务，加封魏王，赐号匡时翊圣竭忠平乱功臣。

耶律乙辛受到辽道宗的信任后，变得骄纵起来，经常仗着皇帝宠信做出不法的事情来。耶律仁先经常阻止耶律乙辛干坏事，于是耶律乙辛开始忌恨耶律仁先，把他当作眼中钉肉中刺，对他进行排挤和打击，终于在咸雍元年（1065年），将耶律仁先排挤出京，贬为南京留守。

耶律仁先被贬后，耶律乙辛更加肆无忌惮，为所欲为，朝中大臣，顺从他的，都会被重用，不顺从他的，都会被排挤贬斥。南院枢密副使刘伸因为一句话得罪耶律乙辛，

辽·铜印
印呈正方形，背有柱状直纽，上有篆书契丹文，现藏于内蒙古博物院。

便被耶律乙辛贬为保静军节度使。另一位朝中大臣北府宰相萧术哲为耶律乙辛所忌惮，耶律乙辛罗织罪名，说萧术哲要谋害自己，将萧术哲罢相，贬为顺义军节度使。

《十香词》冤案

大康元年（1075年），辽道宗让18岁的太子耶律浚兼领北南枢密院事，总领朝政。耶律浚为人聪慧英武，这让耶律乙辛非常不安，他开始谋划做不利于太子以及皇后萧观音的事。

皇后萧观音不但容貌冠绝当时，而且能诗善词，还通音律，弹得一手好琵琶。辽道宗和前代的大辽皇帝一样，热衷于打猎，萧观音曾经劝谏过辽道宗节制狩猎，结果被辽道宗冷遇疏远。为了挽回丈夫，萧观音作《回心院》词10首，希望辽道宗可以回心转意。词写好之后，因为宫中其他人都没有能力来演奏该词，只有伶人赵惟一可以演奏，萧观音便找来赵惟一演奏《回心院》，赵惟一因此常常出入皇后宫。

萧观音身边有个叫单登的婢女，原来是耶律重元家中的婢女，耶律重元叛乱事败后，被收为宫婢。辽道宗听说单登擅长弹筝，便打算召她前来弹筝，萧观音基于安全的考虑，劝谏辽道宗不要召单登，说单登原来是耶律重元的婢女，难保她不会像豫让那样报效旧主。因为这件事，单登一直对皇后萧观音怀恨在心。单登的妹妹叫清子，是教坊伶

萧观音
出自马骀《美人百态画谱》。萧观音（1040年—1075年），辽道宗耶律洪基的皇后，又称懿德皇后，她工诗善谈论，汉学渊博。

人朱顶鹤的妻子，并且和耶律乙辛有暧昧关系。单登通过这层关系，把赵惟一经常出入皇后宫的事情告诉了耶律乙辛。

耶律乙辛感觉陷害皇后的机会来了，他让人作了10首淫秽露骨的诗，叫作《十香词》，然后让单登骗萧观音，说《十香词》是宋朝皇后写的，希望萧观音可以帮忙抄写一遍，这样宋朝皇后的诗配上大辽皇后的字，那就是双绝了。萧观音不知是计，便答应她的请求，帮她抄写了一遍，并且还在纸尾写了一首怀古诗："宫中只数赵家妆，败雨残云误君王。惟有知情一片月，曾窥飞燕入昭阳。"单登拿到萧观音亲笔所

曲解萧观音的怀古诗，对辽道宗说："皇后这首诗里边其实暗含了赵惟一的名字，名义上是怀古，实际上是怀念赵惟一。"辽道宗信以为真，当天就将赵惟一灭族，又逼令萧观音自尽。萧观音临死前，请求再见辽道宗一面，耶律乙辛不允，最后一代才女皇后含冤而逝。

谋害太子

耶律乙辛的心腹萧十三对耶律乙辛说："现在太子还在，并且臣民归心，大人您诬陷皇后，如果以后太子当了皇帝，您将会置身何地呢？"耶律乙辛也非常担心太子耶律濬以后会替母报仇，他开始谋划除掉耶律濬。大康三年（1077年）五月，耶律乙辛先让右护卫太保耶律查刺诬告耶律濬谋反，说都宫使耶律撒刺、知院萧速撒、护卫萧忽古等人阴谋废掉辽道宗，打算立耶律濬为帝。辽道宗派人查问此事，结果没有查出来耶律濬谋反的罪证，也就没有再追究。

耶律乙辛见一计不成，又生一计，他又让另外两个心腹牌印郎君萧讹都斡、耶律塔不也诬告太子，让两个人说他们本来都是太子的同谋，恐怕事情败露被杀，所以揭发太子。太子耶律濬自然不承认这种莫须有的事情，但是所谓"三人成虎"，辽道宗在接连的诬告之下，难免疑心耶律濬真的谋反，于是派夷离毕耶律燕哥去审问耶律濬。耶律濬对耶律燕哥说："皇上只有我一个儿

山西应县佛宫寺释迦塔

写的《十香词》后，立刻交给了耶律乙辛。耶律乙辛以《十香词》为物证，让单登、朱顶鹤指控皇后萧观音和伶人赵惟一私通。辽道宗得知，勃然大怒，让耶律乙辛和北府宰相张孝杰审理此事。张孝杰本来就是耶律乙辛的同党，两人对赵惟一施加酷刑逼问，赵惟一熬不过，只好招认和皇后有奸情。

辽道宗又问张孝杰："皇后的怀古诗明明是骂赵飞燕的，怎么会又在这张纸上写上《十香词》？"张孝杰故意

子，而且我现在被立为嗣君，还有啥不满足的，怎么敢做谋反这种事情呢？你和我是兄弟（远房兄弟，耶律燕哥四世祖为太祖阿保机异母弟），应该知道我是无辜的，请把我的意思告诉皇上。"可惜这个耶律燕哥也是耶律乙辛的党羽，他并没有把耶律濬的话转告给辽道宗，而是告诉了萧十三，萧十三说："如果把太子的原话告诉皇上，那我们的大事就完了，应该把太子的供词改成认罪的话。"耶律燕哥认同萧十三的话，将耶律濬的供词改成对罪状供认不讳，然后交给辽道宗。辽道宗大怒，将耶律濬废为庶人，迁往上京（今内蒙古巴林左旗林东镇南）囚禁。

耶律濬虽然被废，耶律乙辛还不放心。大康三年（1077年）十一月，耶律乙辛派萧达鲁古、萧撒八赶到上京，骗耶律濬说有赦免诏书，将耶律濬杀害，事后又谎报辽道宗，说太子是病死的。辽道宗非常悲痛，将耶律濬安葬，然后打算召耶律濬的妃子了解情况，耶律乙辛恐怕事情败露，又派人将耶律濬的妃子杀害。

不得善终

耶律乙辛杀了太子耶律濬，又打算对耶律濬的儿子耶律延禧下手。大康五年（1079年）正月，辽道宗准备外出打猎，耶律乙辛奏请将4岁的皇孙耶律延禧留在京城。辽道宗准备听从他的话，北院宣徽使萧兀纳进谏道："我听说皇上准备出去打猎，打算听从耶律乙辛的话，把皇孙留在京城，但是皇孙尚且年幼，左右无人照顾，希望可以让我留下来照顾皇孙，以防不测。"辽道宗听了萧兀纳的话，没敢把耶律延禧独自留在京城，而是带着他一起上路了，辽道宗从此也对耶律乙辛起了疑心。

有一次，辽道宗外出，见随从的官员们大多数都跟在耶律乙辛的身后，心中厌恶，感到不快。十月份，辽道宗削去耶律乙辛一字王爵，降为混同郡王，并将耶律乙辛调到外地。大康七年（1081年）冬，耶律乙辛因为把违禁物品卖给外国而被治罪，按照法律，应该处以死刑，耶律乙辛的同党耶律燕哥从中帮忙，才免去死刑，改为用铁骨朵敲击，然后囚禁在来州。大康九年（1083年），耶律乙辛阴谋逃往宋朝，事情败露，结果被杀，一代奸臣落了个罪有应得的下场。

辽·绿釉凤首瓶
杯式口，下承凤首，长颈，丰肩，腹以下渐收，圆足。现藏于中国国家博物馆。

1125年

上遂赐晋王死，素服三日，耶律撒八等皆伏诛。王素有人望，诸军闻其死，无不流涕，由是人心解体。余睹引金人逼行宫，上率卫兵五千余骑幸云中，遗传国玺于桑乾河。

——《辽史·卷二十九·本纪第二十九》

天祚帝亡国

辽道宗在位时，辽国已是政治腐败，国力衰弱，天祚帝继位后，不思进取，只知享乐，更兼重用小人佞臣，贬斥众臣，最终导致内忧外患，众叛亲离，以至于身死国灭。

灭亡时间
1125年

末代帝王
天祚帝耶律延禧

在位时间
25年

外部原因
女真崛起

内部原因
天祚帝纵乐无度，任用小人，听信谗言，导致群臣离心

经验教训
亲贤远佞，兼听则明

辽·臂鹰彩绘木俑
这件辽代臂鹰彩绘木俑由整块柏木雕刻而成，彩绘有些脱落，刻工精细，神态逼真，装饰打扮极具民族特色，胳膊上架一海东青。海东青是一种猛禽，属雕的一种，产于中国东北长白山地区，因其羽毛呈青灰色而得名。

忠奸不辨

寿昌七年（1101年）正月，辽道宗去世，遗诏让孙子耶律延禧继位，号天祚皇帝。天祚帝继位后，面临的国内形势是非常糟糕的。辽道宗在位时，耶律乙辛擅权，冤杀萧皇后，害死太子，排除异己，搞得怨声载道，国力衰退。天祚帝继位后，正需要努力为以前的冤案平反，重新重用贤臣，去除奸佞，复兴辽国，但是他继位后，热衷于游猎，不理朝政，任凭小人继续占据朝堂，忠臣反而都被排挤出去。

北府宰相萧兀纳是天祚帝的大功臣，天祚帝4岁的时候，耶律乙辛曾经想要谋害他，萧兀纳保护了他，使他免遭毒手。萧兀纳此人忠心耿耿，但是心直口快，屡次因为直言顶撞了天祚帝，惹得天祚帝非常不高兴，所以天祚帝继位之后，不但不感激这个昔日的救命恩人，反而将他贬为辽兴军节度使。之后有小人诬告萧

兀纳拿了内府的犀牛角，天祚帝不辨忠奸，听信小人，将萧兀纳抓来审问。萧兀纳说："以前先帝在世的时候，曾经允许我从府库中拿钱十万，我分文未取，现在怎么可能拿内府的一个犀牛角？"他的分辩并没有给他带来好处，天祚帝反而更加恼怒，将他贬为宁边州（今山西忻州偏关县）刺史，没过多久又贬为临海军（今辽宁凌海市）节度使，越贬越远。

忠臣耶律石柳曾经因为厌恶耶律乙辛的所作所为，被耶律乙辛流放到镇州（今河北正定）。天祚帝继位后，将耶律石柳召回，任命为御史中丞。耶律石柳上书天祚帝，希望天祚帝可以追查耶律乙辛党羽，以慰忠义人士之心。结果天祚帝根本不听从。

很多小人反而都被天祚帝重用了，小人萧胡笃非常善于骑射，见天祚帝喜好打猎，便经常给天祚帝讲述打猎追逐野兽的各种乐趣。天祚帝龙颜大悦，任命萧胡笃为殿前都点检。

北院枢密使耶律阿思为人贪婪，天祚帝竟然让他和萧得里底追查耶律乙辛的同党。耶律阿思在追查的过程中，收受贿赂，很多耶律乙辛的同党都逍遥法外，萧得里底也不阻止，只会附和耶律阿思。譬如萧达鲁古，是杀害天祚帝父亲耶律浚的元凶之一，竟然通过贿赂

辽·莲纹瓦当
赤峰地区出土，现藏于内蒙古赤峰博物馆。瓦当俗称瓦头，是覆盖建筑檐头筒瓦前端的遮挡，是中国古建筑的重要构件，起着保护木制飞檐和美化屋面轮廓的作用。不同历史时期的瓦当，有着不同的特点。

耶律阿思，被免罪。耶律塔不也当年曾经诬告耶律浚谋反，也通过贿赂耶律阿思被免罪。

女真崛起

女真族世居辽国东北，辽道宗、天祚帝年间，女真族开始崛起，其中的完颜部统一诸部，建立起强盛的部落联盟，不断征服周边部落。天祚帝游猎无度，荒淫奢侈，每年都让官员到女真索要猛禽海东青以及东珠，而辽国的官员

辽天祚帝耶律延禧与皇后蜡像
位于内蒙古赤峰宁城县辽中原遗址博物馆。耶律延禧（1075年—1128年），字延宁，小名阿果，辽朝的最后一位皇帝。在位期间，政治腐败，无所作为。

天庆二年（1112年）二月，天祚帝到春州狩猎，方圆千里内的女真酋长们都赶来朝见。在头鱼宴上，天祚帝喝得大醉，命令女真酋长们轮流跳舞给他看，酋长们不敢违令，依次跳舞，只有一个叫完颜阿骨打的人说自己不会跳，天祚帝多次让他跳，他还是不肯。事后，天祚帝对枢密使萧奉先说："这个叫完颜阿骨打的人意气雄豪，不是普通人，应该找个借口将他杀掉，不然会留下后患。"萧奉先却说："阿骨打是个粗人，不知道礼仪，而且没有什么大错，如果杀了，会伤了其他部落向慕归化之心。何况一个小小的部落酋长，纵然有什么异志，又能有什么作为？"天祚帝听了他的话，便没有杀阿骨打。阿骨打的弟弟吴乞买、粘罕、胡舍等人可以用声音引诱鹿，也可以刺杀猛虎，和熊搏斗，天祚帝非常喜欢，给他们都封了官。

辽·木雕彩绘水月观音菩萨像

观音头戴宝冠，双目轻阖垂视，慈悲中更透清俊秀逸。姿态为典雅智慧之女性，手姿尤为优美，但上身保持若干男性特征。最值得注意的是面部的轮廓，具有希腊雕塑式符合"黄金分割"定理的风格。水月观音是佛教与中国本土文化融合而产生。通常是坐在岩石或莲花座上，以右腿支起，左腿下垂，右臂放在右膝上姿势观看水中之月，以譬喻佛法色空的义理。现藏于美国纳尔逊艺术博物馆。

到了女真之后，为所欲为，常常借机侮辱女真妇女。辽国官员的所作所为激起了女真族的怨愤，反辽情绪日益高涨。

被贬为临海军节度使的萧兀纳因为和女真距离比较近，早已感觉到女真崛起的威胁，他上书天祚帝，提醒天祚帝要提防女真，朝廷应该增兵以防不测。天祚帝根本没在意他的提醒。不久，萧兀纳再次上书天祚帝，说女真人志向不小，应该趁他们没有足够壮大，尽快派兵征讨。天祚帝再一次无视萧兀纳的提醒。

阿骨打攻辽

天庆四年（1114年）六月，天祚帝授予阿骨打节度使称号。阿骨打派习古乃到辽国，以索要逃到辽国的酋长阿疏为名，刺探辽国虚实。习古乃回来之后，告诉阿骨打，说天祚帝骄奢淫逸，辽国内部腐败，可以攻打。阿骨打调集军兵，开始准备攻辽。九月，阿骨打集合各部2500人，誓师伐辽，攻打辽国宁江州城（今吉林扶余）。辽国的东北路统军司急忙将女真攻打宁江州的消息报告给天祚帝,天祚帝正在庆州(今内蒙古赤峰市巴林右旗)射鹿,得到急报,不以为意,只派遣了海州刺史高仙寿率领渤海军前去救援,结果辽军大败,宁江州城被女真攻破。

宁江州之战后,天祚帝才开始重视女真,他又派萧奉先的弟弟萧嗣先率领番、汉军队7000人前往讨伐,这时候女真的军队已经发展到3700人。双方的军队在出河店(今黑龙江肇源县西南)会战,女真军趁着大风,纵兵进击辽兵,辽兵大败。

萧奉先恐怕自己的弟弟因为战败而被诛杀,便对天祚帝说:"东征军战败逃亡,虽然到处劫掠,但是如果不赦免他们,恐怕会啸聚山林为贼,成为隐患。"天祚帝听从了他的话,将战败的军士都赦免了。萧嗣先回来后,向天祚帝请罪,天祚帝也只是将他免官而已。

辽军士卒见战死的人没有功劳,而失败逃回来的人也不被治罪,从此再无斗志,遇到女真军就溃败,辽国郡县纷纷被女真占去。

天祚帝见辽军连战连败,于是任命南府宰相张琳主管东征女真之事。张琳认为应该分道进讨女真,于是四处征兵,共征集了10万士兵,然后兵分四路东征女真,结果再次大败。

众叛亲离

天庆五年(1115年)正月,阿骨打正式建国称帝,国号大金,年号收国。八月,天祚帝率领10万大军御驾亲征女真。大军到鸭子河(今松花江扶余段)时,辽国内部贵族耶律章奴、萧敌里、萧延留等人对天祚帝失去信心,和

辽代墓室内壁画《宴乐图》局部

辽·八角形三彩砚
出自辽咸雍六年（1070年），1992年赤峰市宁城县头道营子乡埋王沟萧氏墓出土。由砚台与笔洗对扣成盒形。平面作等边八角形。砚面呈风字形，砚池斜凹，边缘作云角弧曲形，八侧面浮雕花草纹，釉色以橘黄为主，间隙补填绿、白釉，釉色鲜亮。笔洗八角形宽平沿，腹凹弧如碗形，施黄釉。

亲信300多人奔赴上京（今内蒙古巴林左旗），打算另立耶律淳为帝。天祚帝得知耶律章奴叛乱，不得不回师征讨。阿骨打趁机带领金军追击，辽军大败，之后金军风卷残云般攻陷辽国很多城池。已经摇摇欲坠的辽王朝又迎来了另外一场灾难。

天祚帝的后宫中，元妃是萧奉先的妹妹，生了秦王耶律定；文妃是耶律余睹妻子的姐姐，生了晋王耶律敖卢斡。敖卢斡在朝中很有人望，颇得百官心。萧奉先见敖卢斡这么优秀，怕以后天祚帝立他为嗣君，那自己的外甥耶律定便没法当皇帝了，于是在保大元年（1121年），他利用文妃姊妹在军中相会一事，诬陷耶律余睹勾结驸马萧昱，说他们密谋立晋王为帝。天祚帝听信谗言，处死萧昱、赐死文妃。当时耶律余睹在军中，听说后十分恐惧，率领部下投降了金人。天祚帝派遣知奚王府事萧遐买、北府宰相萧德恭、大常衮耶律谛里姑等人追击，萧遐买等人同情耶律余睹的遭遇，故意放他逃脱，然后骗天祚帝说追不上。

耶律余睹归降金人后，金人更加知道辽国的虚实，用耶律余睹为先锋，频频攻陷辽国城池，天祚帝非常忧虑。萧奉先对天祚帝说："耶律余睹并没有灭辽之心，他只是想拥立晋王为帝而已，如果为社稷考虑，杀了晋王，耶律余睹肯定会退兵的。"天祚帝听信了他的话，将晋王耶律敖卢斡赐死。辽国内部因为耶律敖卢斡无罪被杀，人人流泪，众心瓦解。

耶律余睹并没有像萧奉先预料的那样退兵，反而猛攻天祚帝行宫。保大二年（1122年）正月，天祚帝率领5000人逃往云中（今山西大同）。三月份，金人攻陷云中，天祚帝逃到夹山（今内蒙古土默特左旗北）。这时候他才意识到自己被萧奉先所误，大骂萧奉先，将他赶走。

保大三年（1123年），被金兵俘虏的林牙耶律大石率兵逃出，赶到夹山和天祚帝相会。天祚帝想出兵收回燕、云等地，耶律大石劝谏，说应该养精蓄锐，不能轻举妄动。天祚帝不听，于第二年兵出夹山，结果又被金兵击败。保大五年（1125年），天祚帝在逃往西夏的路上被金兵俘虏，辽国灭亡。

天宁寺塔

天宁寺塔是北京城区现存最古老的地上建筑，建于辽天祚帝天庆九年至十年，即1119年—1120年。塔为密檐式砖塔，平面呈八角形，通高57.8米，塔基为方形平台。天宁寺塔在整体造型和局部手法上表现了辽代密檐砖塔的建筑风格，是研究中国古代佛塔的重要实例。

> **1131年**
>
> 至寻思干,西域诸国举兵十万,号忽儿珊,来拒战。两军相望二里许。谕将士曰:"彼军虽多而无谋,攻之则首尾不救,我师必胜。"遣六院司大王萧斡里剌、招讨副使耶律松山等将兵二千五百攻其右;枢密副使萧剌阿不、招讨使耶律术薛等将兵二千五百攻其左;自以众攻其中。三军俱进,忽儿珊大败,僵尸数十里。
>
> ——《辽史·卷三十·本纪第三十》

耶律大石建西辽

辽被金灭亡之际,耶律大石率领一部分契丹人逃出,之后发展壮大,西征中亚,建立起强大的帝国,让大辽的光辉在中亚地区再现。

政权名称
西辽

开国皇帝
耶律大石

存在时间
1131年—1211年

官方语言
契丹语、汉语

主要宗教
佛教、伊斯兰教

主要属国
高昌王国、东喀喇汗国、西喀喇汗国等

灭亡原因
蒙古帝国崛起

辽·启圣军节度使印
阜新知足山出土,现藏于辽宁省博物馆。

耶律大石是辽太祖阿保机的八世孙,天庆五年(1115年)曾考中进士,后来当过泰、祥二州的刺史,辽兴军节度使。保大二年(1122年),金兵逼近,天祚帝出逃云中,当时耶律大石留守南京(今北京),和南京的大臣们拥立天祚帝的堂叔耶律淳为帝,史称北辽。当年耶律淳便病逝了,耶律大石等人又拥护耶律淳的萧德妃称制,守卫南京。金兵攻破南京后,萧德妃逃归天祚帝,耶律大石先被金兵俘虏,后又趁机和部下逃出,到夹山见天祚帝。天祚帝想要重新夺回燕、云等地,耶律大石劝阻,天祚帝不听,耶律大石心中不安,又担心天祚帝以后会因拥护耶律淳的事归罪自己,于是杀萧乙薛、坡里括,自立为王,率领铁骑200多人连夜逃走。

耶律大石一行一直逃到可敦城(今蒙古国布尔干省青托罗盖古回纥城)。耶律大石在可敦城召集威武、崇德、会蕃、新、大林、紫河、驼等七州及大黄室韦、敌剌、王纪剌、茶赤剌、也喜、鼻古德、尼剌、达剌乖、达密里、密儿纪、合主、乌古里、阻卜、普速完、唐古、忽母思、奚的、纠而毕十八部首领，举行大会。耶律大石在会上慷慨陈词，述说辽国的不幸以及金人的残暴，号召诸州、众部落共同对抗金朝，最后得精兵1万多人。耶律大石分置官员，整顿兵马，磨砺武器，建立了自己的势力。

延庆八年（1131年），耶律大石在叶密立（今新疆塔城地区额敏县）称帝，建元延庆，号"菊尔汗"，国号辽，史称西辽。随后，耶律大石开始向西部扩张，先后征服高昌王国、东喀喇汗国，定都虎思斡耳朵（今属吉尔吉斯斯坦）。康国八年（1141年），耶律大石率领西辽大军与塞尔柱帝国、西喀喇汗国联军10万人在撒马尔罕（今属乌兹别克斯坦）北部的卡特万草原激战，西辽军一战击败塞尔柱帝国联军，成为中

辽·门吏图壁画

亚霸主。

康国十年（1143年），西辽帝国的开创者耶律大石去世，他的子孙继续在中亚称帝，直至天禧三十四年（1211年）被屈出律篡国，七年后蒙古人又攻灭屈出律。

节日

契丹人过节的习惯深受汉人以及佛教的影响。

正旦，正月初一，契丹人会在这天用糯米和白羊髓做成饼，五更时，从大帐的窗户扔到外边。这天契丹人会绕帐唱歌欢呼，燃放烟花，称作"惊鬼"。

佛诞日，二月八日，相传这天是佛祖生日，契丹人会雕刻佛祖木像，绕城为乐。

端午节，五月初五，契丹人和汉人一样，会采艾叶纪念屈原。

重阳节，九月初九，这一天大辽皇帝会率领群臣，饮菊花酒。

除此之外，契丹人还有一些特别的风俗。年初时，大辽皇帝会在狩猎捕捉到第一条鱼后举办盛大的宴会，称为"头鱼宴"。皇帝打猎获得第一只天鹅时，也会举行盛大的"头鹅宴"。契丹人每逢皇帝即位或其他重大事件时，常常会积薪为坛，举行盛大的燔柴礼，祭告上天。

辽代的社会风俗

契丹发源于中国东北地区，唐朝末年，契丹首领耶律阿保机统一契丹各部，建号称帝。契丹民族的姓氏文化、服饰习俗、婚嫁习俗、饮食风俗都有着与别的朝代与众不同的魅力。后来，随着契丹与周边各族各国的密切交往，社会文化各方面都融合了其他民族文化因素，尤其与汉文化的交融最为深入。

● 姓氏

契丹人只有两个姓氏，一为耶律氏，即为皇族；一为萧氏，即为后族。因为辽太宗耶律阿保机非常仰慕汉高祖刘邦，所以他将自己的汉姓定为刘，将后族的姓定为萧，希望后族可以像辅佐刘邦的萧何那样辅佐自己。乙室部、拔里部都被阿保机赐姓萧，而原来曾经担任过可汗的大贺部、遥辇部，都被阿保机赐姓耶律。一些有功的汉臣也会被赐姓，譬如辽圣宗时的大臣韩德让，被赐姓耶律。

耶律曷鲁像
耶律曷鲁（872年—918年），字控温、洪稳，是辽太祖耶律阿保机的族兄弟，辽国第一开国功臣，被尊称为"心"。耶律阿保机称帝后，封他为"阿鲁敦于越"。

● 信仰

契丹人原本信仰萨满教，后来佛教传入，被契丹历代皇帝接受，广为传播，辽太宗曾经一次施舍僧人5万，辽道宗一年施舍僧人数也高达36万。佛教的信仰甚至影响到了契丹人的名字，很多人都用和佛教相关的词作为自己的名字，譬如辽圣宗的小名叫文殊奴，辽圣宗的皇后叫萧菩萨哥，辽道宗的皇后叫萧观音。

贵族妇女写经图壁画

朝踏碓图（左）
踏碓可减轻劳动强度，提高舂米效率。

烹羊图（右）
内蒙古敖汉旗辽墓出土的辽代壁画。古时吃羊，先将整块肉煮熟后再分食。

● 饮食

作为草原民族，契丹人的食物包含牛、马、羊、驼等各种家畜，也包含狩猎捕捉到的鹿、野猪、野兔、野羊、野鸭等动物。靠近河流或者海边的契丹人，也会以鱼类为食物。契丹人对肉类的食用方式也多种多样，或烤吃，或煮吃（濡肉），或做成肉酱吃（糜），或做成腊肉吃。契丹人谷物类的食物也很多，有稻、麦、粟（小米）、黍（黄米）等，制造方法也多种多样，或煮稀饭（糜粥），或做干饭（籹糒），或做饺子（饼饵），或做煎饼，或做馒头等等。除此之外，契丹人还非常喜欢饮酒和喝茶，酒的种类有菊花酒、葡萄酒等，茶的种类有散茶和饼茶。契丹人的果品有西瓜、杏、桃、李、柿、梨、葡萄等。

● 发型服饰

契丹人有髡发的习俗，往往是将头顶的头发剃掉，只留两边或者前额的少量头发作为装饰，保留的头发如果太长，会编成辫子。

契丹人的服饰为长袍左衽，圆领窄袖，腰间束带，下穿长裤，脚蹬皮靴。

生活场景蜡像图
畜牧和渔猎是草原契丹人的主要生活方式，决定了他们的饮食以肉和乳类为主。

鎏金凤纹银靴
内蒙古奈曼旗青龙山陈国公主墓出土，现藏于中国国家博物馆。

唐末

党项羌,在古析支之地,汉西羌之别种也。魏、晋之后,西羌微弱,或臣中国,或窜山野。自周氏灭宕昌、邓至之后,党项始强。

——《旧唐书·卷二百一十·列传第一百四十八》

党项的兴起

唐朝强盛时,党项族依附唐朝,虽时有叛乱,却总是很快便被平定。唐末天下大乱,党项族在乱世中迎来发展的机遇,历史舞台上的戏份越来越多。

兴起时间
唐末

关键人物
拓跋思恭

前期弱小原因
处于强盛的唐朝、吐蕃之间,难以发展

后期兴起原因
唐末天下大乱,朝廷需要借助党项族的力量剿灭黄巢军

西夏·黑釉划花梅瓶
蘑菇小口,溜肩,腹部下敛,圈底。通体黑釉,上以划花手法装饰生动有趣的荷莲纹,刻划手法精湛,花纹层次分明,是西夏灵武窑的典型之作。现藏于陕西历史博物馆

党项族是羌族的一个分支,所以也称作党项羌。党项族自从汉朝时起,就生活在青海一带。魏、晋、南北朝时期,党项族比较弱小,和其他羌人共居西疆,直到北周时期,北周灭掉了宕昌羌、白水羌建立的政权,党项族才开始慢慢发展起来。

党项族内部有细封氏、费听氏、往利氏、颇超氏、野辞氏、房当氏、米禽氏、拓跋氏等多个部族,其中以拓跋氏实力最强。党项人不从事农业生产,主要从事畜牧业,饲养牦牛、羊、猪等家畜。此外,党项人崇尚白色,勇猛好战,死后多举行火葬。

隋唐之际,党项族开始内附,迁到甘肃、陕西一带。贞观年间,有30多万党项人内附。当时吐谷浑和唐朝敌对,党项族首领拓拔赤辞因为和吐谷浑国王慕容伏允是姻亲,所以率众和唐军作战,最后慕容伏允兵败

西夏·灰陶四角叶纹华冠频伽

频伽，梵语音译，意译为妙音鸟。据传其声音美妙动听，婉转如歌，胜于常鸟，佛经中又名美音鸟或妙音鸟。图中的釉陶频伽是西夏王陵的建筑装饰。

自杀，拓跋赤辞也被唐朝廓州（今青海化隆）刺史久且洛生击败，被逼无奈之下，只好向唐朝请降。唐朝封拓跋赤辞为西戎州都督，赐姓李，将其地分为懿、嵯、麟、可等32个州。吐蕃崛起后，频频攻击侵逼党项族，党项族只好迁到庆州（今甘肃庆阳）一带。

广德二年（764年），安史之乱大功臣仆固怀恩因为被猜忌陷害，起兵叛乱，引吐蕃、党项、回纥联军10万攻唐。事后，为了防止党项族再被煽动叛乱，汾阳王郭子仪建议朝廷将党项族迁到银州（今陕西米脂县）以北、夏州（今陕西靖边县）以东一带居住。朝廷接受了郭子仪的建议，将党项族迁移，从此，居住于庆州一代的党项族号称东山部，居住于银州夏州一代的党项族号称平夏部。

唐宪宗时，党项族部落繁盛，得到很大的发展。唐末，黄巢起义，天下大乱，党项族首领拓跋思恭趁机占领宥州（今陕西靖边），自称刺史。拓跋思恭后来与鄜州（今陕西富县）人李孝昌誓言讨伐黄巢。黄巢被平定后，朝廷封拓跋思恭为夏国公，赐姓李，拜夏州节度使，拓跋家族（李氏）从此成为割据一方的藩镇势力。

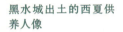

黑水城出土的西夏供养人像

> 982年

继捧立，以太平兴国七年率族人入朝。自上世以来，未尝亲觐者，继捧至，太宗甚嘉之，赐白金千两、帛千匹、钱百万。

——《宋史·卷四百八十五·列传第二百四十四》

李继捧献土归宋

因唐末及五代时期中原混乱，党项族割据定难军近百年，直至宋朝建立，国力强大，定难军才再次归附，成为宋朝的一部分。

时间
982年

人物
李继捧

事件
定难军归宋

内因
党项族内争

外因
宋朝强大

结果
定难军再次成为中原王朝的一部分

拓跋思恭因帮助唐朝剿灭黄巢有功，被赐姓李，拜夏州节度使（又称定难军节度使），其领地包括夏州（今陕西靖边北）、宥州（今陕西靖边）、银州（今陕西米脂）、绥州（今陕西绥德县）、静州（今陕西米脂西北）5州之地。李思恭去世后，李思恭的弟弟李思谏继任定难军节度使，从此定难军一直由李氏家族统治。五代时期，李氏家族基本都奉中原王朝为正朔，中原王朝也一直对李氏割据定难军听之任之，只到定难军节度使李仁福去世后，唐明宗任命安从进为定难军节度使，想要取消党项族世代割据定难军的局面，但是李仁福之子李彝超拒不奉命。安从进久攻夏州不下，只好撤军，唐明宗只得承认李氏家族对定难军的统治。

李彝超去世后，其弟李彝殷继任定难军节度使。宋朝建立后，李彝殷同宋朝保持良好关系，宋太祖加封李彝殷为太尉。李彝殷帮助宋朝抵御北汉，并且献马300匹给宋朝。宋太祖非常高兴，赠送李彝殷玉带一条，并且询问定难军使者："你们大帅腰围多少？"使者说："我们大帅腰围很

黑水城出土的西夏武士像雕塑

大。"宋太祖开玩笑道："你们大帅真是有福之人啊。"

李彝殷去世后，其子李光睿继任定难军节度使，继续同宋朝保持良好关系。宋太祖攻打北汉时，李光睿也派兵协助宋军。李光睿去世后，其子李继筠接任定难军节度使，协助宋军攻打北汉的太原。不久李继筠去世，其弟李继捧成为新的定难军节度使。李继捧继任之后，因为党项族内部争权，李继捧恐怕其叔父辈、兄弟辈的人不服，于太平兴国七年（982年）五月，主动到宋朝的首都东京开封朝见宋太宗。党项族割据定难军近百年，这是第一次入朝，宋太宗大喜，赏赐李继捧白金1000两、帛1000匹、钱100万，并且赐名赵保忠，授予彰德军节度使。为了防止李氏家族再次占据定难军，宋太宗将李继捧五服内的族人全部迁到开封。定难军被割据近百年后，再一次回归中原王朝。

西夏黑水城遗址

位于内蒙古额济纳旗达来呼布镇东南25千米处，是古丝绸之路上现存最完整、规模最宏大的一座古城遗址。额济纳古称黑水城，乃党项语称呼。黑水城始建于公元9世纪的西夏时期，是西夏在西部地区重要的农牧业基地和边防要塞。城墙用黄土夯筑而成，残高约9米。城西北角建有一覆钵式喇嘛塔，原有的街道和主建筑依稀可辨，四周古河道和农田的残貌仍保持其轮廓。黑水城内埋藏着丰富的西夏和元代等朝代的珍贵文书，极具考古价值。20世纪初，俄国的科兹洛夫对黑水城进行了掠夺式挖掘，盗取了大量的史料。

986年

继迁,继捧族弟也……继捧之归宋,时年二十,留居银州,及使至,召缌麻亲赴阙,乃诈言乳母死,出葬于郊,遂与其党数十人奔入地斤泽,泽距夏州东北三百里。

——《宋史·卷四百八十五·列传第二百四十四》

李继迁附辽抗宋

李继迁得知族兄李继捧迫于族内压力入朝,并交出夏、绥、银、宥、静五州地后,与弟李继冲、亲信张浦等人组织党项各部叛宋。后来李继迁派张浦带着重币到辽,向辽圣宗表示愿意归附,取得辽的支持。

主角
李继迁

民族
党项族

谥号
神武皇帝

庙号
西夏太祖

辅助者
李继冲、张浦等

成就
西夏王朝奠基人

拒不归附

太平兴国七年(982年)五月,定难军节度使李继捧到东京开封朝见宋太宗,将银、夏、绥、宥、静5州奉献给宋朝。宋太宗大喜,为了避免李氏家族再次割据定难军,他命令将李继捧五服内的族人都迁到开封。李氏族人接到诏书后,大都奉命迁往开封,但李继捧的族弟李继迁却拒绝了这一命令。

李继迁的高祖拓跋思忠是拓跋思恭的弟弟,拓跋思忠曾跟随兄长拓跋思恭讨伐黄巢,在交战中战死,唐僖宗追赠拓跋思忠为宥州刺史。宋太宗下达的迁移命令传到银州后,时年20

西夏文"敕燃马牌"青铜敕牌
为铜制,圆形,直径15厘米,由上下两块套合组成,其中一块刻有西夏文字"敕燃马牌",意为"敕令驿马昼夜急驰"。"敕燃马牌"是西夏王朝传达紧急军令时的信牌,也是官府传递文书、传达命令时使者身份的证明。现藏于中国国家博物馆。

岁的李继迁却不甘心李氏世代割据的土地奉献给宋朝，他召集弟弟李继冲、亲信张浦等人商量对策。李继冲建议趁宋军不防备，杀诏使，占据绥、银两州，对抗宋朝。张浦却认为大丈夫能屈能伸，目前实力弱小，应该先逃往大漠，发展势力，等实力强大的时候，再反攻回来。

李继迁接受了张浦的建议，诈称自己的乳母去世，需要安葬在银州郊外，然后在灵柩中暗藏兵器，和亲信几十人扮作送殡的人。李继迁等人出了城，一直逃到距离银州东北300里的地斤泽（今内蒙古伊克昭盟巴彦淖尔），开始在地斤泽发展自己的势力。

对抗宋朝

李继迁在地斤泽联络党项族部族，不断有人前来归附，力量渐渐强大，李继迁开始四处骚扰宋朝城池。知夏州尹宪与都巡检曹光实暗中侦查，得知了李继迁的营地所在，于是率兵趁夜袭击李继迁大营，斩首500多级，焚烧营帐400多座，李继迁和其弟李继冲侥幸逃脱，但是他的妻子和母亲都被宋军俘虏。李继迁经此惨败，实力受损严重，但是因为李氏在当地经营多年，恩德素著，党项人还是纷纷帮助救济李继迁，又有部族酋长将女儿嫁给李继迁，李继迁再次强大起来。

雍熙二年（985年）二月，李继迁告知驻守银州的宋将曹光实，假称要

夏太祖李继迁像

李继迁（963年—1004年），北宋党项族平夏部人，为银州防御使李光俨之子，拓跋思忠后代，出生地被称为李继迁寨，李继捧之族弟。宋朝曾赐名赵保吉。淳化元年（990年）即位为夏国王，景德元年（1004年）薨。

降。曹光实信以为真，如约前来受降，李继迁趁机袭杀曹光实，占据银州。三月，李继迁乘胜又攻下会州（今陕西靖边县），将会州城放火烧毁。李继迁接着频频攻打宋军城寨，且取得了数次胜利。宋廷派出将领李继隆、田仁朗、王侁进讨。李继隆等人在浊轮川大败李继迁，李继迁损兵5000人，弃银州逃走。李继隆继续进击，李继迁再次损兵3000多人。之后宋廷任命太原人郭守文为武州团练使，进讨李继迁。郭守文击杀李继迁部族数千人，俘获牲畜上万，党项人畏惧郭守文，纷纷来降，前前后后共有1.6万多户投降。

依附大辽

李继迁经历了数次惨败之后,意识到仅凭自己,势单力薄,难以与宋朝抗衡,需要找个强有力的外援才行。雍熙三年(986年)二月,李继迁派张浦携带重金到大辽,向辽称臣,希望可以借大辽之力来抗衡宋朝。大辽正值萧太后、辽圣宗孤儿寡母之际,深受宋朝威胁,也很需要一个盟友来牵制宋朝,于是接受李继迁的请求,封李继迁为定难军节度使、银夏绥宥等州观察处置等职,特进检校太师、都督夏州诸军事。十二月份,李继迁亲自率领500骑兵到大辽边境,向辽求婚,希望可以巩固关系,永远做辽的藩属。辽以耶律襄之女为义成公主,下嫁李继迁,并且送给李继迁战马3000匹。

灵武窑遗址出土的西夏时期黑釉马雕塑

灵武窑在今宁夏回族自治区北部灵武县,故称灵武窑。始于西夏,出土的西夏瓷器有白釉、黑釉、褐釉、青釉四大类。瓷器器形有碗、盘、扁壶等,其中碗的数量最多,以扁壶、梅瓶、秃发人像、动物雕像等最具特色,大量具有民族特色的实物资料,证实西夏制瓷技术十分发达。

反复无常

李继迁得到辽的帮助,实力又增,继续频频进攻宋军。宋太宗采纳宰相赵普的建议,重新委任已经归附的李继捧为定难军节度使,赐予重金,让李继捧图谋李继迁。李继捧到任之后,上书宋廷,声称李继迁已经改过自新,宋太宗授予李继迁洛苑使、银州刺史。其实李继迁根本没有向宋朝投降。

淳化元年(990年)四月,李继迁骚扰宋朝边民,李继捧率兵进讨,双方大战,李继迁受伤逃走。十月,李继迁派人和李继捧说自己受箭伤很重,请求投降,李继捧不知是诈,不设防备,李继迁趁机袭击,李继捧败回城中,闭门不出。李继迁击败李继捧后,派人向大辽献捷,辽圣宗封李继迁为夏国主。次年,宋朝派商州团练使翟守素率兵救援李继捧,李继迁感觉兵力不足,又急忙向宋廷谢罪请降。宋太宗封李继迁为银州观察使,赐名赵保吉。

局势缓解之后,李继迁恢复本性,淳化五年(994年),李继迁带兵攻击灵州(今宁夏吴忠),宋朝派李继隆进讨。此时李继捧反而派牙将赵光祚通知李继迁,李继迁却缚住赵光祚,率兵突袭李继捧,李继捧单骑逃回夏州。宋太宗知道李继迁无意归降,下诏削夺赐予李继迁的姓名，将夏州百姓尽迁到绥、宥等州。

至道元年（995年），李继迁派亲信张浦向宋朝进献骆驼、马匹。宋太宗拜李继迁为鄜州节度使，李继迁拒不接受，宋太宗扣留张浦。次年春，李继迁袭击了宋朝运往灵州的粮草，并率兵上万人围困灵州。宋太宗得知后，勃然大怒，下令李继隆出环州（今甘肃环县），丁罕出庆州（今甘肃庆阳），范廷召出延州（今陕西延安），王超出夏州（今陕西靖边），张守恩出鄜州（今陕西富县），五路进攻李继迁。李继迁闻讯退兵，灵州之围才解。

宋太宗去世后，宋真宗继位，李继迁再一次上表称愿意归顺，宋真宗授李继迁夏州刺史、定难军节度、夏银绥宥静等州观察处置押蕃落等使，加邑千户，实封二百户，并且放回张浦。

黑水城出土的菩萨像

定都西平

宋朝对李继迁的一味姑息非但没有使他诚心归顺，反而使他变得愈加贪得无厌。咸平四年（1001年），李继迁率兵先后攻下定州、怀远、保静、永州、清远军。咸平五年（1002年），李继迁大集军队，进攻灵州，围困2个月后，攻破灵州。

李继迁攻破灵州后，改灵州为西平府，以为国都。李继迁的弟弟李继瑗对此不解，李继迁解释说："西平北控河、朔，南引庆、凉，占据诸路上游，扼守西陲要害，而且西平之地的人民习华风，尚礼好学，我准备拿这里当作进取之资，成就霸王之业。"李继迁让李继瑗和将领李知白在西平府建立宗庙，营建官署，筹备建都事宜。

李继迁日渐强盛，宋真宗不思进取，却想通过议和的方式安抚李继迁。咸平六年（1003年）春，宋真宗派遣使臣张崇贵、王涉和李继迁议和，割让银、夏、绥、宥、静5州之地给李继迁（部分已被李继迁实际控制）。李氏重新割据一方，占有定难军。

受伤去世

议和当年六月，李继迁便率领骑兵2万人围攻麟州（今陕西神木）。麟州被围多日后，知州卫居宝竟突然将勇士从城头缒下，出奇兵突袭，党项人猝不及防，死伤上万人，李继迁只得退去。

李继迁攻麟州失败后，转攻西凉，十月攻破西凉。已被宋朝任命为朔方节度使的吐蕃六谷部首领潘罗支向李继迁诈降，李继迁信以为真。潘罗支暗中却集合六谷部兵力数万人，攻击李继迁，李继迁交战时被箭射中，回来不久便伤重去世。李继迁临死前嘱咐其子李德明归附宋朝，又嘱咐张浦等人辅佐李德明。李德明死后，儿子李元昊建西夏称帝，追谥李继迁神武皇帝，庙号太祖。

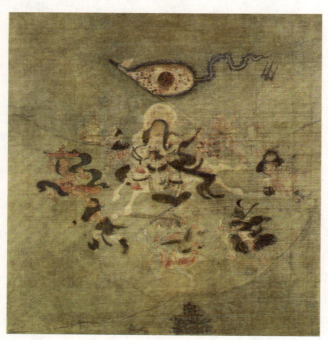

黑水城出土的毗沙门天王图
毗沙门天，又称多闻天王，是佛教的护法神之一，也被一般佛教徒视为财神或福神，深受崇拜。据载，毗沙门天王曾经蒙佛付嘱，在未来世邪见王毁灭佛教时，必须出来护持佛法，因而具有随军护法的愿力。藏传佛教中，他被认为是五方佛中宝生佛的化身；汉传佛教，他被看成是观世音菩萨的化身，虔诚祈祷供养可以得到毗沙门的大力加持。

灵武窑遗址出土的西夏时期匣钵

匣钵是装烧器物最普通的用具,钵底部有一周或两周孔洞,便于排出匣钵内所烧坯体受热后放出的气体,还可以防止匣钵烧制时引起的烧裂。匣钵不但能保护坯体,避免与明火直接接触,使坯体受热均匀,而且还防止灰尘落在坯体上,提高瓷器质量;匣钵依次叠摞,还可以提高装烧量。

1038年

性雄毅，多大略，善绘画，能创制物始。圆面高准，身长五尺余。

——《宋史·卷四百八十五·列传第二百四十四》

李元昊建西夏

李继迁叛宋，李德明降宋，看似不同，实质却都是为了党项族的发展，经过李继迁、李德明两代的发展，到第三代李元昊时，党项族实力已经足够强大了，李元昊顺理成章地叛宋自立了。

政权名称
大夏（史称西夏）

建立者
李元昊

建立时间
1038年

定都
兴庆府（今宁夏银川）

民族
党项族

疆域
西至玉门关，东到黄河，南达萧关，北接大漠。今宁夏、甘肃西北部、青海东北部一带

李德明像
西夏王国奠基者李德明（981年—1032年）为人深沉有气度，善权谋。在位期间，依辽和宋，伺机向西发展。

子孙相继

景德元年（1004年）正月，李继迁因箭伤发作去世，其子李德明继位。和宋朝作对一辈子的李继迁临死之前，竟然要求儿子李德明归顺宋朝。李德明遵守父亲的遗命，即位之初，便上表宋廷，表示愿意归顺。宋廷对李德明的行为表示欢迎，厚待使者，但是在宋廷要求李德明遣子弟到东京开封的时候，李德明却拒绝了。由此可见，李德明之所以归顺宋朝，不过是为了休养生息而已，并非诚心归顺。

景德三年（1006年），李德明再次派遣牙将刘仁勖向宋廷进奉誓表，宋真宗授其特进、检校太师兼侍中、持节都督夏州诸军事、行夏州刺史、上柱国，充定难军节度、夏银绥宥静等州管内观察处置押蕃落等使，并且加封李德明西平王，食邑6000户，实封1000户。除此之外，宋真宗还赏赐李德明金带银鞍、银1万两、绢1万匹、钱3万

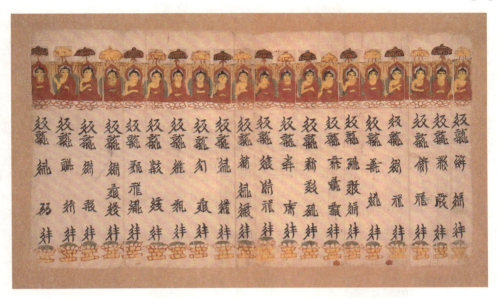

黑水城出土西夏文佛经

贯、茶叶2万斤。宋真宗恩威并行,赏赐李德明的同时,也责问他为什么不遣子弟入质。李德明借口以前没有过这种先例,拒不遣子弟入质,他虽然拒绝了宋真宗的这一要求,但是对宋朝还是很恭敬的,献御马25匹、散马700匹、骆驼300头给宋朝谢恩。

李德明和宋朝保持良好关系的同时,也派使者到大辽,请求册封,辽圣宗册封他为西平王。李德明向辽、宋两国同时归顺称臣,赢得了和平,但是他没闲着,他开始积极向西发展,同吐蕃和回鹘交战。李德明继位当年的六月,便派兵攻杀了朔方节度使潘罗支,不但报了父仇,而且夺得了凉州。天圣六年(1028年),李德明派遣儿子李元昊攻甘州(今甘肃张掖)回鹘,拿下甘州。

李德明表面对宋朝恭顺,但内心深处早已有不臣之心。早在大中祥符三年(1010年),李德明就动用数万民夫在延州西北的山上营建宫殿,绵亘20多里,十分壮观。李德明出行时使用的辇舆仪仗,和宋朝的皇帝相似。

宋天禧元年(1017年),有人向李德明报告,说在怀远镇(今宁夏银川)北边的温泉山上看到了龙,李德明以为是吉兆,派人前去祭祀,然后宣扬怀远地理位置怎么好,说怀远西北有贺兰山,东南有黄河,地形极佳,可以作为都城。众人知道李德明的心意,自然不敢反对。李德明派大臣贺承珍到怀远营建宫殿、门阙、宗社,为迁都做准备。天禧四年(1020年),怀远都城营建好了,李德明将怀远改名兴州,把国都从西平府迁到兴州。宋天圣六年(1028年),李元昊攻下甘州后,李德明立李元昊为太子,立元昊母卫慕氏为后。

明道元年(1032年)十月,就在

李德明一切准备就绪，将要称帝时，却忽然去世了，太子李元昊继位。

积极叛宋

李元昊身高五尺多（宋时1尺=31.68厘米，李元昊身高160厘米左右），喜读兵书，精通汉、藏文字，善画画，懂佛学。年轻时的李元昊对父亲李德明顺从宋朝的举措十分不解，他曾多次劝谏李德明不要向宋朝称臣。李德明说："我们用兵时间太长了，现在国家疲敝，需要休息，而且我们党项族穿的绫罗绸缎都是宋朝的恩赐，不能忘恩负义啊。"李元昊立刻反驳道："我们党项族向来是穿皮毛，以畜牧为业的，何况英雄在世，应该建立王图霸业，要绫罗绸缎有什么用？"

李德明去世后，李元昊继位，叛宋自立之心更强，为此，他做了多项举措：

第一，下令秃发。李元昊刚一继位，便下秃发令，命令党项族不准再用汉人的结发风俗，他首先剃掉自己的头发，然后下令国中百姓3日内必须都秃发，不服从命令的要杀头，于是党项族纷纷秃发。

第二，改姓。李元昊废掉唐朝赐给的李姓以及宋朝赐给的赵姓，将自己的姓改为"嵬名"。

第三，立年号。李德明在世时，用的都是宋朝的年号，李元昊继位后，为避父讳，将宋朝的"明道"年号改为"显道"。不久李元昊又废除宋朝年号，自立年号"开运"，这个年号刚刚用了1个月，有人和李元昊说这个年号是后晋末代皇帝石重贵曾经用过的，不吉利，李元昊只好又把年号改成"广运"。

第四，建立官制。李元昊模仿宋朝的官制，也建立了一整套自己的官员机构，

李元昊像
西夏开国皇帝李元昊（1003年—1048年），党项族人，北魏鲜卑族拓跋氏之后。开国之后，创造西夏文，颁布秃发令，开凿"李王渠"，奠定了宋、辽、夏三分天下的格局。

有枢密,有中书,有三司,等等。

第五,创造文字。李元昊命大臣野利仁荣根据汉字创造了自己的文字,字形方正,笔画顺冗,称之为蕃书。

李元昊的众多举措都是为了增强党项族的民族自豪感,与汉人区分,也为以后称帝做准备。李元昊一直不甘心曲事宋朝,对宋朝的封爵毫无兴趣,宋朝的使者来宣读诏书时,他也遥立不跪,纵使勉强接了诏,也是愤愤不平,对身边的大臣们说:"这是先王的错啊,自己有国家,为什么还要跪拜别人呢?"设宴招待宋朝使者时,李元昊又故意让人在厅后磨刀,给宋朝使者难堪。

西夏文雕版

西夏文字是在借鉴汉字的基础上,在西夏开国皇帝李元昊倡导下,由大臣野利仁荣主持创制完成的,共6000多字。从文字构成上,可分为单纯字和合体字两大类。西夏文字在整个西夏时期,从未间断过使用,即使其灭亡后,仍在一定范围内延续使用至明朝中期。

攻取河西

李元昊继位后,对内积极为叛宋做准备,对外不断扩张,增加领地。位于青海东部一带的唃厮啰是吐蕃王朝赞普后人,和宋朝关系较好,宋朝封唃厮啰为宁远大将军、爱州团练使,李元昊自然视唃厮啰为眼中钉。显道二年(1033年),李元昊派大将苏奴儿领兵2.5万攻打唃厮啰,结果却被唃厮啰击败,连苏奴儿也被唃厮啰俘虏。七月,李元昊亲自率军攻打唃厮啰控制的牦牛城(今青海大通),攻击一个月后,李元昊假意和城中守军约和,等城门开了后,李元昊率军突入城中,纵兵杀戮,拿下牦牛城。

广运三年(1036年),李元昊西攻回鹘,攻下瓜州(今甘肃安西)、沙洲(今甘肃敦煌)、肃州(今甘肃酒泉),占领了河西走廊。经过数年征战,李元昊控制的领地已经西至玉门关,东到黄河,南达萧关,北接大漠。

天授礼法延祚元年(1038年)十月十一日,一切准备妥当,李元昊在野利仁荣、杨守素等大臣的拥护下,于兴庆府南郊筑坛,即皇帝位,国号大夏,史称西夏。

> 1040年—1042年

二年，复大入，战于定川，宋师大败，葛怀敏死之。直抵渭州，大焚掠而去。

——《宋史·卷四百八十五·列传第二百四十四》

宋夏三战

宋夏三川口、好水川、定川寨三战是西夏立国之战，西夏三战三胜，迫使宋朝同意议和，承认其地位。从此，辽、宋、夏三国鼎立的局面形成了。

三川口之战
时间：1040年
地点：三川口（今陕西延安宝塔区枣园镇）
兵力：宋1万多；西夏10万
结果：西夏胜

好水川之战
时间：1041年二月
地点：好水川（今宁夏隆德）
兵力：宋1.8万；西夏10万
结果：西夏胜

定川寨之战
时间：1042年九月
地点：定川寨（今宁夏固原西北）
兵力：宋不详；西夏10万
结果：西夏胜

西夏·彩塑罗汉像
此罗汉神态沉静、端庄，结跏趺坐。西夏统治者在提倡佛教时，开始主要吸收中原佛教，藏传佛教在西夏中后期传播迅速，西夏遂成为藏传佛教东传的重要过渡地带。

上表宋廷

李元昊称帝的第二年正月，便遣使给宋仁宗上表，在表中，李元昊声称自己是建立后魏的鲜卑族拓跋氏的后代，远祖拓跋思恭帮助唐朝讨伐黄巢有功，被赐姓李，自己的祖父李继迁和父亲李德明相继割据一方，到了自己这一代，制藩文，改衣冠，四方部落附从，纷纷希望自己可以称帝，自己不得已，只好勉为其难称帝，建立大夏。希望宋朝可以承认自己的皇帝身份，结为睦邻友邦。

表文到了开封，宋仁宗自然勃然大怒，下令削去李元昊的爵位，取消宋夏互市，派兵讨伐西夏，宋夏战争正式爆发。

三川口之战

夏天授三年（宋康定元年，1040年），宋仁宗派环庆路铃辖高继隆、庆州知州张崇俊首先攻破西夏的后桥堡。不久之后，李元昊率领大军开始反扑，他先攻打金明砦。金明砦守将李士彬为人粗暴，李元昊故意让士兵向李士彬诈降，李士彬不知是计，将前来投降的西夏士兵都编入自己的部队里。李元昊见自己计谋得逞，开始攻打金明砦，金明砦中的西夏降卒趁机响应，李元昊攻破金明砦，俘虏了李士彬。

李元昊攻破金明砦后，集结10万大军攻打宋军重镇延州（今陕西延安）。恰好延州城中的大将鄜延副都总管石元孙率兵外出，城中只有几百人，延州知州范雍知道不是对手，急忙派人召石元孙以及鄜延环庆两路副都总管刘平、鄜延路都监黄德和、巡检使万俟政、郭遵等人前来救援。

刘平、石元孙等人得知延州危机，会集步骑1万多人，火速前往救援。宋军赶到三川口（今陕西延安宝塔区枣园镇）时，突然遭到西夏军的袭击，原来李元昊早已算计到宋军会来救援，便在三川口设下埋伏。当时天降大雪，宋军、西夏军都结成偃月阵对峙。不久，西夏军率先涉水进攻，宋军将领郭遵、王信率兵迎战。李元昊命令一名骁将擒拿郭遵，不料郭遵却首先用铁杵击碎了那名骁将的脑袋，宋军趁机进攻，杀死了几百名西夏士兵。李元昊又命令西夏军用盾牌遮挡宋军的弓箭，然后进攻，宋军奋勇作战，又杀死西夏军几千人，但是西夏军人数实在太多，两军交战多时，郭遵战死，刘平的左耳右颈也都中箭。

关键时刻，宋军中鄜延路都监黄德和临阵脱逃，率领部下撤退。刘平急忙让儿子去阻拦黄德和，要黄德和返回来，并力与西夏军交战，黄德和不听，率领部下逃往甘泉（今甘肃甘泉）。宋军人数原本就少，黄德和率领部分人逃走后，宋军更占劣势，刘平、石元孙率领剩下的宋军同西夏军激战3天，最后退往西南的山上，结成7个寨子阻挡西夏军。李元昊派人求见刘平，希望他投降，刘平不理睬。李元昊又派人乔装成宋军给刘平送文书，结果也被刘平杀了。李元昊再令西夏军在寨外高喊，让里边的宋军投降，刘平也不为所动。最后，失去耐心的李元昊下令进攻，西夏军四面围攻，将宋军切成两段，全歼了宋军，俘虏了刘平、石元孙等人。战后，因为其他路的宋军进攻西夏，李元昊恐后方有失，便退军了，延州未被攻下。

值得一提的是，李元昊攻延州时，宋朝环庆路副总管任福率兵攻陷西夏白豹城，消灭了党项41个族帐。

好水川之战

三川口之战过后，为了防止李元昊再一次进攻，宋仁宗任命夏竦为陕西经略安抚使，韩琦、范仲淹为副使，防备西夏。

夏天授四年（宋康定二年，1041年）二月，李元昊再次率领10万大军攻宋，李元昊的谋臣张元替他出谋划策，将西夏军主力埋伏在六盘山下的好水川

甘肃榆林窟2号窟西夏时期佛说法图壁画

口（今宁夏隆德），然后分一部分兵去攻打怀远（今宁夏西吉东），声称要攻打渭州（今甘肃平凉）。

陕西经略安抚副使韩琦得知西夏人来攻的消息后，立刻赶到镇戎军（今宁夏固原），召集镇戎军所有的军队，又临时招募勇士，一共得兵1.8万人，以任福为统帅，让他攻击西夏军后方，能打就打，如果不能打，就埋伏好，等西夏军退兵的时候再进行袭击。临行，韩琦再三告诫任福，要严格遵守自己的安排，如果不听从节度，纵然有功劳，也要斩首。

任福率领宋军轻骑直扑西夏军，在张家堡以南和西夏军接战，首战杀死西夏军几百人。李元昊命令军士将一些马羊骆驼丢弃掉，然后装成败退的样子。任福果然中计，率领宋军穷追不舍，一直追到好水川。宋军在好水川发现了几个银泥盒，不知道里边是什么，任福让人打开，上百只哨鸽顿时冲天而起。原来这正是西夏军进攻的信号，西夏军见鸽群飞起，伏兵齐出，将人困马乏的宋军围在中间。双方从早晨一直血战到中午，主将任福身中十几箭，有宋军小校劝他突围，任福不肯，最终战死。

好水川之战以西夏胜利告终，宋军在此战中战死1.03万人，宋军将领任福等人几乎全部战死。消息传到开封，宋廷震动，宰相吕夷简惊呼："一战不及一战，可骇也！"西夏军虽然胜利了，但是士卒的伤亡也很大，国内怨声四起，而且恰逢西夏国国内闹鼠灾和旱灾，庄稼减产，李元昊开始希望同宋朝讲和，他派亲信野利旺荣出使宋朝，希望双方可以谈判，但是由于李元昊给宋朝的国书中态度傲慢，谈判没有取得实质性进展。

定川寨之战

李元昊取得好水川之战的胜利后，气势更盛，频频出击宋军城池，宋军完全处于守势。

夏天授五年（宋庆历二年，1042年），张元献计，认为宋朝的军队都聚集在宋夏边境，而关中地区兵力较少，如果西夏大军牵制住边境的宋军，然后派一支劲旅便可以出其不意，攻入关中平原，拿下长安（今西安）。李元昊接受了张元的建议，于九月率领10万大军，兵分两路攻宋，一路从刘燔堡（今宁夏隆德）出击，一路从彭阳（今宁夏彭阳）出击攻宋。

宋朝泾原路经略安抚招讨使王沿得知消息，命令副使葛怀敏领兵出击。葛怀敏率兵进击西夏军，结果却在定川寨（今宁夏固原西北）被围。西夏军断了宋军后路和粮草，又断了宋军的水源。葛怀敏率领宋军突围，结果又在长城壕（今宁夏固原西北）被围，双方交战，最后宋军除部分将领退保定川寨外，以葛怀敏为首的15名宋将都战死了，士卒阵亡9400人，马损失600匹。

李元昊取得定川寨之战的胜利后，率领西夏军长驱直入，一直杀到渭州城下，然后焚烧庐舍，屠掠民畜而还。

庆历和议

李元昊连年同宋军作战，虽然三战三胜，但是西夏方面人力、物力、财力的损耗也十分严重，而且因为双方交战，关系恶化，宋朝原本每年给予的丰厚赏赐也都没有了，边境贸易也都取消了。陷入困境的李元昊在定川寨之后，再一次派使者到宋朝求和。宋朝方面迫于西夏、大辽两方面的压力（辽兴宗趁宋夏交战，曾大兵压境，迫使宋朝增加每年的岁币），也同意和议，但是双方在细节方面还有些没谈妥。从天授六年（1043年）正月到天授七年（1044年）六月，双方经过一年多时间的讨价还价，最后终于达成协议：西夏取消帝号，宋朝封李元昊为夏国主；宋朝每年赐给西夏银7万两、绢15万匹、茶3万斤；在宋夏边界开放榷场，允许贸易往来。

西夏文"内宿待命"牌
西夏内宿司的职责是"司统制训练藩卫戍守及侍卫扈从诸事"，此牌是西夏高级侍卫官所持有的证明身份的腰牌，为军中的信物标识。背面一般无字，有字的话一般为人名、官职或牌证的番号。

> 1048年—1061年

讹庞惧，将为变。子妇梁氏本中国人，谅祚私焉，日视事于国，夜则从诸没藏氏，讹庞子怼甚，与其父谋，伏甲寝室，须谅祚入杀之。梁氏密以告，谅祚召讹庞于密室执之，令漫咩将兵杀其子，遂诛讹庞。其弟侄族人外任者悉戮之，夷其宗。

——《西夏书事·卷二十》

没藏氏专权

李元昊去世后，年仅一岁的李谅祚被立为皇帝，大权自然被后族没藏氏把持，随着李谅祚渐渐长大，他同舅舅没藏讹庞的矛盾开始激化，最终演变为宫廷残杀，李谅祚诛杀没藏氏，开始亲政。

主角
没藏讹庞

身份
李元昊宠妃没藏氏之兄

在位皇帝
李谅祚

专权时间
1048年—1061年

去世原因
李谅祚长大，皇帝和权臣矛盾激化

没藏氏私通元昊

李元昊生性好色，一共有7个妻室，分别是卫慕氏、野利氏、索氏、都罗氏、咩迷氏、没移氏、耶律氏。其中野利氏为皇后，一共给李元昊生下3个儿子，最小的儿子早夭，长子李宁明被李元昊立为太子，不幸的是，李宁明早逝，李元昊又立野利氏次子宁令哥为太子。

野利氏家世显赫，两个哥哥野利遇乞和野利旺荣都是李元昊的重臣，分统左、右厢军。李元昊和宋军作战时，野利遇乞、野利旺荣也都有参加，两人足智多谋，颇会用兵，给宋军带来很大伤亡，后来宋将种世衡施反间计，李元昊猜忌野利兄弟，将野利遇乞、野利旺荣都杀掉了。

西夏·白釉刻花罐
该罐唇口、短颈、圆肩、鼓腹，腹下渐收敛，内圈足，器身由四道双弦纹组成三个图案带，肩部图案带由三个半圆开光牡丹花纹组成，周围空间用弧线纹添补，腹部图案带由三个连弧开光刻牡丹花纹和两个叶脉纹组成，周围空间也用弧线纹添补，腹下部图案带由忍冬纹组成。通体施优雅高贵的白色釉，胎质细腻，呈浅黄灰色。图案完全被刻花填满，显得十分雍容华贵，线条流畅，造型质朴逼真。

太子宁令哥持剑刺杀李元昊

宁夏银川贺兰山西夏史话艺术馆内塑像。天授礼法延祚十一年（1048年）正月十五，正值元宵佳节，元昊与新皇后饮酒作乐，年轻气盛的太子经不住没藏讹庞的挑唆，手持利剑闯进元昊的寝宫，对着元昊面部便刺，元昊躲闪不及，被削去鼻子。太子宁令哥慌乱逃出，躲进没藏讹庞家中。第二天，元昊因流血过多而死，终年46岁。国相没藏讹庞变脸，以弑君之罪又杀死了太子宁令哥和其母野利氏。其权高位显，胁迫众臣立元昊妃子没藏氏（其妹）之子李谅祚继位。

事后，李元昊也有些后悔，野利氏请求寻找野利兄弟遗留的家属，李元昊派人寻找，找到了野利遇乞的妻子没藏氏，将没藏氏迎入宫中。没藏氏貌美，李元昊一见倾心，与没藏氏私通。他们的私情后来被皇后野利氏发现，野利氏大怒，将嫂子没藏氏赶出皇宫。李元昊将没藏氏安置到寺庙中，让没藏氏出家为尼，赐号没藏大师，继续和没藏氏私通，朝臣们劝谏，李元昊也都不听。天授礼法祚延十年（1047年）二月，没藏氏为李元昊生下一子，取名李谅祚，收养在没藏氏的哥哥没藏讹庞家中，没藏讹庞让汉人毛惟昌和高怀正（两人曾为没藏氏前夫野利遇乞帐下部从）二人的妻子给李谅祚哺乳。没藏讹庞也因为妹妹被李元昊宠爱而受重用，被李元昊任命为国相。

国相夺位

天授礼法延祚十年（1047年）五月，荒淫好色的李元昊发现太子妃没移氏容貌出众，不禁色心又起，从儿子宁令哥手中夺走没移氏，号称"新皇后"，和没移氏经常住在天都山（位于今宁夏中卫海原县）。皇后野利氏越来越难见到李元昊，心中不平，更兼之前野利兄弟被李元昊冤杀，难免口出怨

甘肃榆林窟3号窟西壁西夏时期佛普贤菩萨图壁画

言。李元昊听到后，勃然大怒，废皇后野利氏，令她移居其他宫，从此不与她相见。

太子宁令哥眼见舅家被诛杀，妻子被夺去，母亲又被废，惶惶不安，恐怕有一天祸及己身。心怀异图的国相没藏讹庞趁机怂恿太子宁令哥弑杀李元昊，在夺妻之恨、黜母之仇等多重愤怒下，宁令哥失去理智，和野利家族的野利浪烈等人趁着李元昊酒醉，闯入宫中，想要弑杀李元昊。宁令哥率领的人和宫中的侍卫交战，野利氏族人浪烈在交战中被杀，宁令哥慌忙中一刀砍下李元昊的鼻子，李元昊流血过多，第二天便去世。事后，宁令哥逃到没藏讹庞家中，没藏讹庞却忽然变脸，以弑君之罪将宁令哥诛杀，并将野利氏也杀死。

没藏讹庞召集西夏大臣们，商量帝位的继承问题，因为李元昊临死时曾有遗命，让立其从弟委哥令宁为帝，所以大臣诺移赏等人都主张遵从李元昊遗命，立委哥令宁为帝。没藏讹庞不同意，他说："委哥令宁不是先帝之子，并且又没有功劳，凭什么当皇帝？"诺移赏说："现在国中无主，不立委哥令宁立谁？难道立你吗？如果你能够保住夏国国土，大家也愿意立你。"没藏讹庞赶紧说："这我哪儿敢，夏国历来都是父死子及，国人才没有意见，现在没藏氏有一个儿子，是先王的嫡子，立他为帝，应该没人有意见吧。"大臣们都没什么话好说了，于是年仅1岁的李谅祚被立为西夏新的皇帝，没藏氏被尊为太后。没藏讹庞又让诺移赏等三位大臣分掌国事，从此权倾朝野，出入仪仗和皇帝差不多。

被杀身亡

李谅祚年幼，不能做主，西夏一切国事都是没藏讹庞说了算，没藏讹庞一言九鼎，西夏大臣无人敢不听。为了满足私欲，没藏讹庞向宋朝索要古渭州之地，宋朝拒绝，没藏讹庞便派兵攻打宋朝德顺军，结果无功而返。没藏讹庞又侵占宋夏边界耕地，将所得全据为己有。此事后来被没藏太后得知，大怒，责令没藏讹庞归还所侵占的耕地。

福圣承道四年（1056年），西夏发生了恶性事件：没藏太后被幸臣李守贵劫杀，没藏讹庞派人诛杀了李守贵。为了巩固自己的地位，没藏讹庞将女儿嫁给李谅祚，立为皇后。

李谅祚渐渐长大，对自己这个飞扬跋扈、独揽大权的舅舅也颇有意见。奲（duǒ）都三年（1059年），没藏讹庞借故诛杀了李谅祚的亲信高怀正和毛惟昌，这使得李谅祚对他更加不满。李谅祚开始接纳没藏讹庞的政敌大将漫咩，商议如何除掉没藏讹庞。没藏讹庞也感到李谅祚已经渐渐难以掌控，开始谋划找机会对李谅祚下手，最后他和儿子密谋于儿媳梁氏的寝室内，商量设伏刺杀李谅祚，弑君篡位。而没藏讹庞的儿媳梁氏和李谅祚早有私情，偷偷将没藏讹庞父子的计划告诉李谅祚。奲都五年（1061年），李谅祚先下手为强，召没藏讹庞入宫议事，让漫咩领兵执杀没藏讹庞及其子，然后诛杀没藏讹庞全家，将皇后没藏氏赐死，将梁氏召入宫中，立为皇后。

亲掌国政

位于宁夏银川贺兰山西夏史话艺术馆塑像，描绘皇帝李谅祚杀死没藏讹庞的场景。没藏太后被幸臣所杀后，没藏讹庞又将自己的女儿嫁给年仅9岁的李谅祚，以后戚、国相的身份更加有恃无恐。随着李谅祚年龄渐长，对没藏讹庞的专权极端不满。没藏讹庞阴谋加害李谅祚的计谋败露后，李谅祚察悉，先下手杀了没藏讹庞和全部族人。李谅祚亲掌国政，一改过去父亲李元昊的做法，下令在国内停用蕃礼，使用汉礼，并仿照宋朝增设官职，使西夏的中央制度更加完善。

1067年—1085年

秉常时年八岁，母恭肃章宪皇太后梁氏垂帘摄政，使其弟乙埋为国相。梁氏悉以国政委乙埋，乙埋擢其子弟，并居近要，于是诸梁权日甚。

——《西夏书事·卷二十二》

梁太后专政

梁太后一生充满了血腥和杀戮，为了权力，她可以和李谅祚谋划，杀死丈夫一家，为了权力，她可以囚禁亲生的儿子。她把持西夏朝政长达18年之久，摄政期间，频频对宋用兵，导致千万人家破人亡。

民族
汉

专政时间
1067—1085年

儿子
惠宗李秉常

帮手
弟弟梁乙埋

垂帘摄政

李谅祚的寿命比较短，拱化五年（1067年）十二月去世，年仅21岁，庙号毅宗。第二年，李谅祚7岁的儿子李秉常继位，由于年龄太小，由太后梁氏垂帘摄政。梁太后以自己的亲弟弟梁乙埋为国相，将国事都委任给梁乙埋、掌兵权的都罗马尾以及梁太后的情夫罔萌讹3人，梁氏家族的子弟也都被委任要职，李秉常成了有名无实的皇帝。对于异己，梁太后极力打击，李元昊之弟嵬名浪遇熟悉边事，而且很会用兵，因为不依附梁太后，被梁太后罢官，全家徙边。

李谅祚在位期间，尊崇汉人文化，废除原来的藩礼，改用汉礼，又穿戴汉人衣冠，并且增设汉官。但是梁太后摄政之后，将丈夫原来的举措全部推翻，将汉礼悉数废除，恢复藩礼。为了将李秉常牢牢控制在手中，梁太后又

西夏·绿釉瓦当

让李秉常娶了梁乙埋的女儿，并且立为皇后。

屡兴干戈

梁太后摄政期间，穷兵黩武，频频挑起宋夏战争。天赐礼盛国庆元年（1069年）八月，梁太后将国内15岁以上、70岁以下的人全部征集起来，每人带百日粮，号称30万人，在国相梁乙埋的率领下，攻打宋朝。西夏军首先进攻宋朝的大顺城（今甘肃华池县），宋朝大顺城副都总管杨遂顽强抵抗，西夏军无法攻下，只好转攻柔远寨（也位于今甘肃华池县），柔远寨守将林广临危不乱，下令士兵固守，不要轻举妄动。西夏军久攻不下，夜里，林广派出勇士袭击西夏军军营，西夏军大乱。梁乙埋又屯军庆州（今甘肃庆阳）城外40里处，给宋军造成很大的压力。宋军奋力抵抗9天，将领郭庆、高敏、魏庆宗等人都战死了。位于河湟地区的吐蕃部落和宋朝关系较好，首领董毡是前任首领唃厮啰之子，被宋朝封为保顺军节度使。董毡得知西夏倾国攻宋，内部空虚，便趁机攻入西夏国境内，梁乙埋恐怕国内有失，急急忙忙率领大军回去了。此后，梁乙埋又多次率兵攻宋，有时候一年出兵数次，宋夏关系急剧恶化。

囚禁亲子

大安二年（1076年），李秉常年满16岁，开始亲政。李秉常和父亲李谅祚一样，喜好汉族文化，每次西夏军俘虏汉人回来，李秉常都会热心询问汉族礼仪制度。大安六年（1080年）正月，李秉常下令废除藩礼，恢复汉礼。梁太后、梁乙埋都劝李秉常不要恢复汉礼，朝中大臣们都阿附梁太后，也表示不应该恢复汉礼。李秉常不听，依然下令废除藩礼，恢复汉礼，这导致他与母亲梁太后的矛盾加深。

大安七年（1081年），将军李清劝李秉常将黄河以南之地割给宋朝，和宋朝恢复友

黑水城出土的双头佛像

甘肃榆林窟3号窟西壁西夏时期佛文殊菩萨图壁画

好关系，李秉常同意，并且准备派遣使者出使宋朝。梁太后得知后，召幸臣罔萌讹商量对策，最后设下计谋，诱骗李清前来饮酒，然后将李清抓住，杀掉了。梁太后杀完李清，便将儿子李秉常囚禁于兴州府外5里的木寨内，然后令梁乙埋、罔萌讹等人聚集人马，斩断桥梁，使李秉常与外界无法通信。

皇帝被囚禁的消息最终还是传了出去，李秉常的亲党以及一些部落酋长纷纷拥兵自卫，对抗梁氏，梁乙埋多次派人以银牌召谕各部，各部也都无人听从，西夏国大乱。五月，宝泰监军司统军禹藏花麻以李秉常失位，夏国内乱为由，请求宋朝发兵征讨西夏，声称如果宋军来到，西夏一定会全国响应。

宋夏大战

宋神宗得到西夏内乱的消息，于六月份调集大军50万人，令宦官李宪部出熙河路，种世衡之子种谔部出鄜延路，高遵裕部出环庆路，刘昌祚部出泾原路，宦官王中正部出河东路，兵分五路进攻西夏。

五路宋军中，李宪派大将李浩为先锋，一路长驱直入，九月攻陷兰州，以李浩为兰州知州。种谔也率军击败西夏援兵，攻克米脂，然后挺进西夏腹地银州、夏州、石州等地。高遵裕与刘昌祚两人合兵攻灵州（今宁夏吴忠），刘昌祚率兵奋勇作战，几乎攻下灵州，但是高遵裕嫉妒刘昌祚，与刘昌祚争功，导致宋军离心，无法攻下灵州。

宋军五路攻夏，也让梁太后手足无措，她召集西夏群臣，商量对策，其中一名老臣建议坚壁清野，诱宋军深入，然后聚集重兵拒宋军于兴、灵二州，另派精骑抄宋军粮草，宋军粮草若断，必然不战自退。梁太后依老臣之计，派兵10万于兴、灵二州拒抗宋军。宋军将领高遵裕、刘昌祚早有矛盾，互相掣肘，西夏再派重兵防守，宋军更难有所进展，宋军攻灵州18天不能破城。宋朝五路大军中的王中正部没有按照约定时间到达，导致宋军粮草断绝，军无斗志。西夏军又挖开七级渠水灌宋营，宋军士卒溺死者无数，大败而归。宋军此次西征虽然占领了一些西夏的城池，但最后因粮草不继、将士离心等缘故，大败而归。

击退宋军西征后，梁太后愈加自得，于大安八年（1082年）九月，再次集兵20万人攻打宋朝新筑永乐城（今陕西米脂西），永乐城主将徐禧战死，城中数万宋军士卒也全都阵亡。

因病去世

梁太后穷兵黩武，连年征战，导致西夏国中男子死伤无数，百姓怨声载道。大安十一年（1085年）二月，国相梁乙埋病逝，梁太后以梁乙埋的儿子梁乙逋为国相，继续操控西夏内政。同年十月，梁太后也因病去世，结束了她对西夏长达18年的专政。

> 1139年—1193年

十五年八月,夏重大汉太学,亲释奠,弟子员赐予有差。十六年,尊孔子为文宣帝。十七年,改元天盛。策举人,始立唱名法。

——《宋史·卷四百八十六·列传第二百四十五》

仁孝盛世

李仁孝是西夏在位时间最长的皇帝,在位期间,兴学校,策科举,平定叛乱,安抚百姓,西夏国力达到最强,疆土面积达到最大,和金朝、南宋关系也较好,几十年间,少有同他国的战争。

主角
仁宗李仁孝

民族
党项族

信仰
儒学、佛教

外交政策
附金政策

在位时间
55年

主要成就
平定叛乱、推行儒学、举行科举、扩大领土、禁止奢侈

平定叛乱

西夏仁宗李仁孝是西夏第五位皇帝,生于元德六年(1124年)九月,母亲为汉人曹氏,父亲为西夏崇宗李乾顺,祖父为李秉常。大德五年(1139年)六月,李乾顺去世,16岁的李仁孝继承帝位。李仁孝在位时,正值女真崛起,建立金朝,攻灭辽朝,并且俘虏宋朝徽宗、钦宗,宋高宗南渡,建立南宋。李仁孝见金朝强盛,便采取了结好金朝的态度。他的这一态度导致了即位之初,西夏便发生了一次叛乱事件。

李仁孝的父亲李乾顺在位期间,见金朝兴起,选择了依附金朝,李乾顺的皇后是辽朝的成安公

西夏·鎏金铜牛
出土于西夏王陵,身长1.2米,重188千克,全身散发着柔和的金光,四腿呈内屈跪伏状;牛首高抬,两角弯出优美的弧度,颈部宽厚有力,皮肤皱痕明显;尤其是双眼炯炯有光,却又呈现温驯之态。鎏金铜牛是目前国内最大最完整的西夏鎏金工艺品,它真实地反映了西夏青铜铸造工艺的高超水平。

主,太子李仁爱也是成安公主所生。元德七年(1125年),金兵俘虏辽末代皇帝天祚帝,辽朝灭亡,太子李仁爱在辽朝灭亡后,忧愤而卒;成安公主既因故国灭亡而伤心,又哀痛爱子早亡,也选择了绝食而死。

时有辽将萧合达,原来是跟从成安公主一起到西夏的,因为口才好,而且骁勇善战,擅长骑射,被李乾顺留了下来,之后跟从李乾顺多次立有战功,被李乾顺赐国姓,任命为夏州(今陕西靖边)都统。李乾顺依附金朝时,萧合达曾经上书劝谏李乾顺,李乾顺不听。成安公主绝食而死后,萧合达更加怏怏不乐,他听说耶律大石在西域建立了政权,派人去联络耶律大石,想要恢复辽朝,结果没有联络上。李仁孝继位后,萧合达立刻发动叛乱,占据夏州,接着他联结契丹旧部,召集了数万人,打算兴复辽朝。大庆元年(1140年)六、七月间,萧合达率兵围困西平府(今宁夏吴忠),攻克盐州(今宁夏盐池),直逼贺兰山,兴州大震。

八月,李仁孝令静州都统任得敬率兵平叛。萧合达叛乱时,派人携重金到西夏各州,邀各州将领一起叛乱,各州将领们有的杀死萧合达的使者,有的抓住萧合达的使者上交李仁孝,只有任得敬厚待使者,然后同使者交谈,将萧合达的虚实都打探得清清楚楚。任得敬认为萧合达的老巢夏

黑水城出土西夏时期文官像

州空虚,于是表面装作闲暇,暗地里布置安排。十月某一天,突然令精兵300人突袭夏州,将夏州负责传递信息的烽卒抓住,使夏州无法给萧合达通风报信,然后率领5000骑兵驰赴夏州,夏州守卫的士卒仓促难以抵抗,被任得敬一举拿下。任得敬将萧合达位于夏州的家眷妻室全部抓获,然后抚谕兵民,开仓赈济,使夏州安定下来,之后率军进攻盐州,大败萧合达军。萧合达败逃到黄河口,无法渡河,被手下人斩首,叛乱平定。十二月,李仁孝任命任得敬为翔庆军都统军,加封西平公。次年六月,李仁孝再次平定了想要叛投金朝的慕洧、慕溶兄弟。

安抚百姓

李仁孝继位初期,除了金朝崛起的外患,也面临着天灾人祸等内忧。大庆三年(1142年)九月,西夏发生了饥荒,饥荒引起粮价飞涨;大庆四年(1143年)三月,西夏首都兴庆府(今宁夏银川)发生地震,地震导致房屋庐舍损坏无数,人和牲畜大量死亡;四月,夏州地裂,百姓的房子损坏了几千。在御史大夫苏执义的建议下,李仁孝对受灾地区的百姓进行抚慰,受灾的民户中若是有2人死于天灾的,免收租税3年;若是有1人死于天灾的,免收租税2年;受伤的免收租税1年,毁于地震地陷的房屋庐舍,朝廷出钱修复。

经过李仁孝的这些措施,兴庆府、夏州虽然遭受了天灾,并没有出现大的动荡,但是新的内忧又一次对李仁孝进行考验。七月份,西夏再次发生饥荒,很多百姓因为没有饭吃,铤而走险,揭竿而起,变成强盗,威州的大斌、静州的埋庆、定州的笆浪、富儿等部落纷纷举兵起义,这些起义队伍,大的有上万人,小的也有五六千,到处劫掠,攻击州县,西夏的州将征讨也被义军击败。李仁孝再次令平叛功臣任得敬前往征讨,任得敬先对起义各部进行抚谕,声明只要投降,不追究首恶的责任,这一措施使很多起义的部落投降官军,大部分地区的叛乱都得到了平定,只有定州的笆浪、富儿拒不投降,任得敬率兵夜

黑水城出土西夏官员像

西夏皇族学校课堂场景
位于宁夏银川西夏博物馆。

袭义军营寨,大破笆浪、富儿义军,将义军首领哆讹诛杀,定州的叛乱也被平定。

西夏盛世

李仁孝仰慕汉人文化,崇尚儒家思想,在位期间,基本上和金朝、南宋都保持了良好的关系。人庆元年(1144年)五月,李仁孝派使者到南宋祝贺南宋的天申节(宋高宗的生日),赠送了珍珠、金带、绫罗、马匹等物,已经断绝交往差不多20年的宋、夏两国,重新恢复了关系。六月份,李仁孝下令在全国设立学校,7岁到15岁的宗室子孙都必须上学,西夏的学生人数达到3000人。人庆二年(1145年)七月,李仁孝又模仿宋朝制度,在西夏设立了最高学府"太学",并且亲自参加典礼。人庆三年(1146年)三月,李仁孝尊孔子为文宣帝,在全国建立孔庙,推行儒家思想。人庆四年(1147年)八月,李仁孝又模仿宋朝的制度,举行科举考试,西夏从此有了完善的选官制度。天盛三年(1151年)十二月,李仁孝任命精通汉文、西夏文并且著作颇丰的学者斡道冲为教授,又派人到金、宋两国购买儒家、佛家经典。

起初党项人尚武且奢侈之风甚盛,李仁孝在位时,严禁奢侈之风。晋王察哥曾为西夏立过很多战功,但是为人贪婪,收受贿赂,霸占百姓园宅,他去世后,李仁孝便下令将他侵占的园宅都归还给百姓。

对外方面,李仁孝也积极谋求扩大国土。人庆三年(1146年)正月,李仁孝派人向金朝恭贺正旦以及万寿节时候，请求金国给予土地，金国便割德威城（今甘肃靖远西）、定边军等地给西夏，西夏疆域进一步扩大，面积比前代任何时期都要大。

诛杀权臣

任得敬本来是宋将，李仁孝的父亲李乾顺在位时，任得敬投靠西夏，并且将女儿嫁给李乾顺，李乾顺的第一位皇后成安公主去世后，李乾顺改立任得敬女儿为皇后。李仁孝继位后，将生母曹氏和任皇后并尊为太后。

任得敬曾多次为李仁孝平定叛乱，立下大功，李仁孝封其为西平公。随着功劳越来越大，爵位越来越高，任得敬的野心也越来越大，他在驻地任意诛杀僚佐，不听劝阻，为所欲为。人庆四年（1147年）五月，任得敬上表请求入朝，意欲把持朝政。李仁孝打算应允，御史大夫热辣公济劝谏说："外戚任得敬上表请求入朝，可能是想干政，从古至今，外戚擅权，国家没有不乱的。"李仁孝这才作罢。

任得敬不甘心，用重金贿赂宗室晋王察哥，让察哥帮他说话，在察哥的帮助下，任得敬终于如愿以偿，于天盛元年（1149年）七月，被召入朝中，李

西夏·绿釉迦陵频迦

西夏文写成的金光明经

佛教是西夏的国教，立国前后六次向宋求赎佛经，宋朝赐以《大藏经》。夏景宗在立国后，便开始用西夏文翻译佛经。五十多年内译出大小乘佛经820部，3579卷，满足人民对佛教的需求。除此之外，夏景宗等历代夏帝与太后也兴建了许多佛教寺庙。

仁孝任命其为尚书令。天盛八年（1156年）四月，察哥去世。九月，任得敬被李仁孝任命为国相。任得敬为国相后，大权独揽，专横跋扈，在朝中极力安插亲信，任得敬的弟弟们都被重用，任得仁被任命为南院宣徽使，任得聪被任命为殿前太尉，任得恭被任命为兴庆府尹，任得敬的侄儿任纯忠被任命为枢副都丞旨。任得聪、任得恭二人在位倚势弄权，收受贿赂，秘书监王举弹劾他们，反倒被罢官。朝中大臣们敢反对他们的也都被打击、排挤。

天盛十二年（1160年）三月，任得敬被进爵为楚王，出入仪从和李仁孝一模一样。野心急剧膨胀的任得敬于天盛十七年（1165年）五月征集10万役夫开始在灵州（今宁夏吴忠）营建西平府宫殿，欲另立国家，与李仁孝分庭抗礼。次年，任得敬开始频频试探金朝的态度，在得知金朝并不赞同自己分裂西夏的意思后，他又联络宋朝，想拉为己助。

乾祐元年（1170年）五月，任得敬胁迫李仁孝分西夏的西南路以及灵州罗庞岭给他，让他自立一国。李仁孝迫不得已，派遣使臣到金朝，请求封任得敬为楚国国王。金世宗认为这不是李仁孝的本意，他是被权臣胁迫才会这么做，所以拒绝了封任得敬为国王的请求。

任得敬得知册封失败，开始和弟弟任得仁、任得聪等人谋划叛乱。李仁孝有了金朝的支持，也开始暗中召集人马。八月，李仁孝讨伐任得敬，将任得敬杀死，党羽全部诛灭，粉碎了这次分国阴谋。

乾祐二十四年（1193年）九月，李仁孝去世，在位55年，寿命70岁。他是西夏历代皇帝中，在位时间最长的，也是寿命最长的。

西夏黑水城《阿弥陀佛净土变卷轴画》
此幅《阿弥陀佛净土变卷轴画》是基于汉地风格的西夏绘画，整体具有唐宋遗韵。主尊阿弥陀佛面部圆润饱满，比唐代造像脸型略瘦长，更接近宋代造像特点，五官甚至还有一点金代造像的特征。褒衣博带，衣纹线条饱满流畅，富有韵律，是明显的汉式服装。

> 1194年—1210年

蒙古主引兵薄中兴府，安全亲督将士登城守御，蒙古兵不能破。会大雨，河水暴涨，蒙古主遣将筑防，遏水灌城，居民溺死无算。

——《西夏书事·卷四十》

联金抗蒙

西夏后期，国力衰退，上层又争权内斗，更加速了国家的败亡。蒙古帝国兴起后，西夏与金朝屡被攻击，只好联合起来抗蒙。蒙古采用分化政策，迫使夏金同盟分裂，从此西夏与金朝互相攻击，内耗不止。

政策时代
夏桓宗、夏襄宗期间

产生原因
蒙古兴起

失败原因
蒙古强大，夏金衰落；金章宗见死不救

后续影响
西夏从联金抗蒙走向附蒙攻金，加速了西夏和金朝的灭亡

西夏王陵出土的石雕马
1977年出土于西夏陵区101号陪葬墓通道。石马为青白砂石质，采用简洁的刀法，通体圆雕，在一块长方形石板上呈卧状。出土时在石马唇部有少许粉红色彩，可能原有彩绘，因年代久远而脱落。马头和身体的各部分比例匀称，体型硕大。马头稍垂，颈部呈弯屈状，非常自然协调。

桓宗抗蒙

李仁孝去世后，长子李纯祐继承帝位，是为桓宗。李纯祐继位后，继续奉行父亲附金和宋的策略，同金朝、南宋都保持良好关系。西夏和金朝使者往来不断，交往频繁。天庆元年（1194年），金朝册封李纯祐为夏国国王。天庆二年（1195年）正月，李纯祐派遣使者到金朝，祝贺元旦。四月，李纯祐又向金朝进贡马匹，金朝西北路招讨使完颜宗道免除了西夏的进贡，李纯祐派遣使者道谢。九月，李纯祐再派使者到金朝祝贺天寿节（金朝皇帝的生日）。十月，金朝也派遣使者到西夏，祝贺生日。天庆四年（1197年），李纯祐派遣知兴庆府事李德冲、枢密直学士刘思问到金朝，请求恢复保安、兰州二地榷场，金朝同意，开放二地榷场同西夏互

市。天庆七年（1200年）正月，李纯祐因母亲罗太后的头风经久不愈，派遣武节大夫连都敦信等人到金朝求医，金朝让太医时德元、王利贞到西夏，为罗太后治病，并且赐给药物。

而此时草原上又兴起了新的强盛民族——蒙古族，蒙古族首领铁木真在统一了蒙古各部之后，于天庆十二年（1205年）三月派兵入侵西夏，借口是西夏收留了蒙古的逃人亦剌哈桑昆。西夏军无力阻挡，被蒙古军攻破力吉里寨，随后蒙古兵纵横瓜州（今甘肃安西）、沙洲（今甘肃敦煌）一带，大肆掳掠。四月，因为进入夏季，天气开始转热，蒙古军这才退去，退军途经落思城时，又大掠人口、牲畜而去。李纯祐见蒙古军退去，修复被蒙古军破坏的城池，于六月将都城兴庆府改名中兴府，取夏国中兴之意。该年十一月，蒙古军大举攻金，和金朝河东监军完颜天骥相持，基于唇亡齿寒以及金夏世代交好的考虑，李纯祐率领西夏军攻入内部空虚的蒙古，想要围魏救赵，结果走了几天没碰到蒙古人，探马来报蒙古军已经打败金军，回师来救了，李纯祐只好退军了。

襄宗抗蒙

天庆十三年（1206年）正月，镇夷郡王李安全发动政变，废掉李纯祐，自立为帝，是为襄宗。李安全虽废李纯祐，却依旧贯彻李纯祐时期联金抗蒙的

黑水城出土的一佛二菩萨像

政策。应天二年（1207年）秋，成吉思汗以李安全废主自立为名，发兵攻打西夏，攻破斡罗孩城（今甘肃张掖东），然后四处侵掠。李安全调集右厢诸路兵进行抵抗，成吉思汗见西夏兵势尚盛，而且蒙古军的粮草也告罄，便退军了。

应天四年（1209年）三月，成吉思汗再次率军从黑水城（今内蒙古额济纳旗境内）北兀剌海关口攻入西夏的河西地区。李安全命儿子李世祯为主将，和副元帅大都督府令公高逸率军5万人抵抗，结果大败，高逸被俘，拒不投降，以身殉国。四月，蒙古军围攻兀剌海城，守将投降，西夏太傅西壁讹答率兵巷战，最后不幸被俘。七月，成

吉思汗率蒙古大军攻克夷门（今宁夏银川西北）。克夷门是西夏都城中兴府的门户，两山对峙，中间只有一条道路可以通过，两边都是高不可攀的悬崖，地势险要，易守难攻。李安全令嵬名令公率兵5万人抵抗，嵬名令公利用地形的优势，从山坡上往下攻，击败了蒙古军的进攻，和蒙古军僵持两个月之久，最后蒙古军设下埋伏，引诱西夏军出战，西夏军不知是计，出来交战，结果大败，克夷门被攻破，主将嵬名令公也被俘虏。成吉思汗派人劝降嵬名令公，嵬名令公不为所动。

联盟破裂

蒙古军攻破克夷门后，九月开始围攻西夏都城中兴府，李安全率领将士登城死守。蒙古军一时无法攻破，恰好天降大雨，河水暴涨，成吉思汗命令蒙古军筑坝，引河水灌中兴府，中兴府百姓被淹死无数。李安全见情况危急，急忙派人向金朝求救，金朝的大臣们都劝金朝皇帝章宗出兵救西夏，不然西夏若被蒙古灭掉，下一个被灭的就是金朝了。金章宗却不以为然，他说："这是敌人间互相攻击，是我们国家之福啊，怕什么？"拒绝西夏的出兵请求，安心

西夏·彩绘泥塑佛头像

佛像头顶为螺髻，中间有一白色肉瘤，面相方颐，双眉隆起，眉间有白毫，眼珠乌亮，为黑色釉料特制。下眼睑上有黑色泪痕，系高温下眼珠釉料化滴流出所致。佛半闭双眼，流露出沉思内省的神态，恬静而庄重，具有犍陀罗造像艺术的古朴风格。丰腮、下巴圆润、眉如弯月、嘴唇短厚、圆而近方的脸型特征，是以当时人们公认的典型面相标准而塑造的，富有唐代造像遗风。现藏于宁夏博物馆。

坐观蒙古西夏互斗。

十二月，西夏都城中兴府的城墙快要崩溃，城外蒙古军修筑的堤坝也决了口，到处都是水，蒙古军无法继续攻城，只好退兵。成吉思汗派俘虏的西夏太傅西璧讹答进入中兴府招降，李安全无路可走，只得献女求和。成吉思汗见西夏求和，也将俘虏的西夏将领嵬名令公归还给了西夏。

蒙古退兵后，李安全对金朝见死不救的态度耿耿于怀，一直寻机报复。皇建元年（1210年）八月，李安全派骑兵1万人攻打金朝的葭州（今陕西佳县），夏金联盟关系正式破裂。

皇建二年（1211年）五月，黑塔坦国国王白斯波率兵攻打西夏河西地带，李安全亲自率兵抵抗，结果大败而归，而且又丢失了公主，还好派遣使者向黑塔坦国求和，愿意以臣礼事白斯波。西夏经过接连的战争，国势日渐衰落，慢慢走向消亡。

西夏·灵武窑黑釉剔花梅瓶

小口圆唇,短颈,溜肩,丰腹下敛,圈足。通体施黑釉,采用剔花工艺饰缠枝花卉纹,工艺古拙,粗犷豪放,剔刻处底空白露胎。灵武窑位于西夏中部,受中原磁州窑影响最大,所见品种主要有白釉、酱釉、黑釉等,装饰技法以剔刻和印花为主,这种技法虽受北方黑釉瓷装饰的影响,也具少数民族粗犷质朴的风格,纹饰奔放流畅,具有西夏灵武窑的独有特色。

> ▶ 1227年
>
> 夏兵坚壁半载，城中食尽，兵民皆病，睍率文官李仲谔、武臣嵬名令公等奉图籍出降。蒙古主系以归。秋七月，至萨里川杀之。

——《西夏书事·卷四十二》

西夏亡国

> 西夏既亡于蒙古，也亡于自身，当强大的蒙古帝国兴起时，西夏皇帝不思励精图治，联金抗蒙，反而附蒙攻金。夏金十几年的互攻导致两国精锐尽失，渐渐无力抵御蒙古大军的侵袭。西夏最后几年，朝秦暮楚，时而联宋，时而附蒙，直至国破关头才幡然醒悟，想要联金抗蒙，但为时已晚，只落得国破族灭。

灭亡时间
1227年

存在时间
1038年——1227年

政权建都
兴庆府（今宁夏银川）

首任皇帝
李元昊

末代皇帝
李睍

灭亡内因
错误的附蒙攻金政策，夏金互攻伐十几年，精锐尽失

灭亡外因
蒙古帝国崛起

经验教训
内部团结、上下一心、以民为本、共御外敌

附蒙攻金

皇建二年（1211年）七月，西夏齐王李遵顼发动政变，废夏襄宗李安全，自立为帝，改元光定，是为夏神宗。

李遵顼继位后，夏金的联盟关系已经破裂，开始走上附蒙攻金的道路。李遵顼刚一继位，便派骑兵1万人攻打金朝的东胜城（今内蒙古托克托），不克而去。该年十一月，李遵顼趁着蒙古军围攻金中都之时，派兵1万多人攻入金朝金、泾二州，围攻平凉府（今甘肃平凉），后金朝救兵赶到，西夏军退去。

光定三年（1213年）六月，李遵顼派兵攻破金朝的保安州，杀死保安州刺史，接着又围攻庆阳府，杀死了庆阳府知府，金军奋力拒战，西夏军才退去。八月，西夏军攻金朝邠州，邠州投降西夏。十一月，西夏军攻金朝会州，结果大败，于是于十二月转攻巩州，最后攻破巩州，俘虏了巩州节度使夹谷守中，西夏军令夹谷守中招降平凉府的金

军，夹谷守中不从，结果被西夏军杀死于平凉城城下。

光定四年（1214年）七月，金朝发生了程陈僧叛乱事件，程陈僧派人到西夏求援，李遵顼派兵3000人赴兰州救援。次年九月，金军征讨程陈僧，李遵顼再次派兵救援，攻破了金朝的西关堡，围攻第五将城。十二月，西夏军和程陈僧合兵数万攻临洮府，结果大败。光定六年（1216年）十一月，李遵顼派西夏军4万人围攻金朝定西门，金兵奋力抵抗，西夏军被杀2000多人，战马失去800匹。金朝对西夏一而再再而三的侵犯也是忍无可忍，于十二月开始反攻，李遵顼分兵抵御，金兵难以前进。

光定七年（1217年）正月，蒙古军侵金，李遵顼派骑兵3万人，配合蒙古军进攻金朝平阳府（今山西临汾）。金朝尚书右丞胥鼎合兵夹攻，蒙古军大败，西夏军退兵，退兵途中，路过宁州（今甘肃宁州），被金兵伏击，大败而回。

联宋攻金

西夏自从依附蒙古，被蒙古役使，与金朝连年征战，疲于奔命，西夏兵民厌战，朝议不断。蒙古西征花剌子模时，再次向西夏征兵，西夏不愿再随蒙古军西征，拒绝了蒙古的要

《番汉合时掌中珠》残页
《番汉合时掌中珠》是西夏文和汉文双解通俗语汇辞书。党项人骨勒茂才编，刊于西夏仁宗乾祐二十一年（1190年）。1909年在中国黑水城遗址（在今内蒙古额济纳旗）出土。木刻本，蝴蝶装，共三十七页。该书是研究西夏语言、文字、社会历史的重要文献，对解读西夏语起了重要作用。

求。成吉思汗得知后，勃然大怒，光定七年（1217年）十二月，亲自率领蒙古大军渡过黄河，攻打西夏。西夏军抵挡不住，节节败退，很快便被蒙古军打到了国都中兴府城下。李遵顼见都城将要被攻破，一边遣使向蒙古求和，一边命太子李德任守城，自己逃往西凉府。最后，蒙古军退去，李遵顼才从西凉府回到中兴府。

经过这次危机，李遵顼意识到，蒙古才是西夏最大的威胁。李遵顼改变了原来附蒙攻金的政策，他开始寻求和金朝合作，共同抵抗蒙古。光定八年（1218年）三月，李遵顼给金宣宗写信，希望可以互市，恢复关系，但是金宣宗对西夏连年攻打金朝记恨在心，拒绝了西夏的请求。李遵顼见金朝不肯和

甘肃榆林窟29号窟西夏时期上师图壁画

好,于五月份勾结蒙古,从葭州进兵,攻打金朝的鄜、延二州,结果被金兵击败。

李遵顼进攻金朝失败,又想起来宋朝,他打算和宋朝联合,共同对付金朝。光定九年(1219年)二月和光定十年(1220年)正月,李遵顼先后两次派人到四川,邀请宋朝一起出兵攻打金朝,但是宋朝都没有出兵。五月,宋朝四川宣抚使安丙终于写信前来,和西夏约定一起夹攻金朝。八月,西夏按照约定,派兵攻打金朝会州,会州守将乌古论世显投降。会州的丢失让金宣宗大为震动,他让人和西夏议和,结果被李遵顼拒绝了。九月,西夏枢密院使宁子宁、嵬名公辅率兵20万人攻打金朝巩州,结果久攻不下。宁子宁派人到四川,催促宋朝出兵,四川宣抚使安丙派遣将领程信、张威、王仕信率领宋军进军,攻克了金朝的来远、盐川以及定边城,然后和西夏军在巩州城下会师。宋夏双方约定,由西夏军负责野战,宋军负责攻城。巩州城还是久攻不下,西夏军和宋军死伤上万人,只好烧掉攻具,拔营退军。退军途中,西夏军又遭到金兵伏击,死伤甚众。十月,宋将程信邀西夏一起出兵攻打金朝的秦州,李遵顼因为巩州的惨败,不敢再派军攻金,拒绝了程信的邀请。

日渐衰落

光定十一年(1221年)三月,蒙古大将木华黎率兵从东胜州渡过黄河,攻打西夏,西夏河西诸城堡抵挡不住,纷纷投降。面对蒙古大军压境,李遵顼惊慌不安,急忙称降,派人宴请蒙古将领,然后命令塔哥甘普率兵5万人跟从蒙古军攻打金朝。西夏重新依附蒙古,与金朝交战。因为士兵不足,木华黎向西夏征兵,李遵顼不敢拒绝,又派大将迷仆率军前往。十二月,李遵顼听说金朝将要兴兵攻夏,于是先下手为强,发兵10万人,分三路攻打金朝,将金朝边境城池全部破坏掉。

光定十三年(1223年)正月,李遵顼发兵10万,跟随木华黎围攻凤翔,金朝守将郭虾蟆奋勇抵抗,射杀西夏将领,西夏军惊骇恐惧,没告诉蒙古军一声便撤军了。李遵顼的错误政策导致西夏士兵死伤无数，国力严重损耗。太子李德任劝李遵顼联合金朝，李遵顼不听，李德任请求免掉太子之位，出家为僧。李遵顼大怒，将李德任囚禁到灵州，另外派人代替李德任，继续领兵和金朝交战。李遵顼的行为并没有换来蒙古的好感，相反，蒙古怨恨他上次私自撤兵，于十月份大举围攻西夏的石洲，围攻数天后，听说金兵进攻蒙古后方，蒙古军才退去。李遵顼不从中吸取教训，反而继续集兵攻打金朝的巩州，西夏御史中丞梁德懿上书劝谏李遵顼，说："国家用兵十几年，导致田野荒芜，民生涂炭，纵然是妇人女子都知道国势濒危。希望皇上可以抚恤百姓，和金朝恢复关系，召还太子，或许可以转危为安。"李遵顼不但不听，反将梁德懿罢官。李遵顼的反复无常，使他失去了蒙古人的欢心，成吉思汗多次派人到西夏，逼迫他退位，李遵顼无奈之下，只好将皇位传给了自己的次子李德旺。

国破身死

李德旺，即为夏献宗，继位后，改变父亲附蒙攻金政策，开始谋划对抗蒙古。乾定元年（1224年）二月，李德旺听说蒙古军西征，便派人联合漠北未被蒙古征服的部落，一起对抗蒙古。五月，蒙古军西征回来，成吉思汗听说西夏勾结漠北部落，有异图，亲自统帅大

西夏灭亡模拟场景雕塑
夏末帝李睍在中兴府被围半年后投降蒙古。成吉思汗此时已病死六盘山，但密不发丧，以免西夏反悔。李睍开城投降后，前去参见成吉思汗，诸将托言成吉思汗有疾，不让他参见。在成吉思汗去世三天后，诸将遵照成吉思汗遗命将西夏末帝杀死，西夏灭亡。此雕刻在宁夏银川西夏王陵西夏史话艺术馆内。

西夏·银盒
两件小盒形制基本相同，都是小圆鼓形分上下盖，底盖用环饰活轴相连，两件中心都阳铸梵文铭文，周围铸有同心圆凹凸弦纹。

后，进行了屠城。六月，蒙古军攻破甘州（今甘肃张掖）。七月，蒙古军攻破西凉府（今甘肃武威）。西夏城池接连被攻破的消息传到都城后，李德旺在惊恐担忧中病死，西夏朝臣拥立李德旺侄儿李睍称帝。

蒙古军继续推进，十月攻破夏州，十一月，蒙古军攻灵州，夏将嵬名令公率兵10万抵御，被蒙古军击败，灵州失守，被关押在灵州的前太子李德任

军攻沙洲（今甘肃敦煌）。沙洲守将籍辣思义顽强抵抗，蒙古军死伤很多，攻了一个月也没攻下。九月，蒙古军分兵攻下银州（今陕西米脂），西夏军死伤数万，牛羊损失几十万。危急时刻，右丞相高良惠建议和金朝联盟，十月，李德旺派人到金朝修好，但是为时已晚，夏金互斗十几年，两国的精锐几乎都损失殆尽，金国此时也是自保不暇，更无法援助西夏了，而漠北部落也被蒙古击溃，李德旺只好请降于蒙古，许诺以儿子为人质。成吉思汗同意了西夏的请求，蒙古军退兵。

事后，李德旺并没有派遣儿子去做人质，他的食言惹怒了蒙古。乾定三年（1226年）二月，成吉思汗亲率大军10万再次攻打西夏，攻破黑水城。五月，成吉思汗招降肃州（今甘肃酒泉），肃州守将不降，蒙古军攻下肃州

不屈被杀。十二月,蒙古军至盐州川,大肆屠杀西夏百姓,赤地千里。攻下灵州后,成吉思汗令阿鲁术率军攻打西夏都城中兴府,然后分兵攻破西夏石洲、沙洲等地。

宝义二年(1227年)五月,天气转热,成吉思汗到六盘山避暑,派人到中兴府向李睍谕降,李睍不从。六月,中兴府已经被围半年,城内粮食用尽,军兵多伤病,李睍无法再抵抗下去,便派使者向蒙古请降。此时的成吉思汗已经病危,立下遗嘱:他死之后,秘不发丧,以防西夏生变。七月,成吉思汗病逝,李睍率领宗族投降,蒙古军押送李睍至萨里川,将李睍杀害,西夏灭亡。

西夏王陵

西夏王陵是西夏王朝的皇家陵园,被称为"东方金字塔",坐落在银川市西的贺兰山脚下。在陵区范围内,依山势布列9座帝王陵园和250余座王公贵戚的陪葬墓,是中国现存规模最大、地面遗址保存最完整的帝王陵园之一。

金

1115年—1234年

东北女真,遽兴于白山黑水
金戈铁马,阿骨打初露峥嵘
灭辽驱宋,百年霸业堪称雄

少年中国史

> ▶ 11世纪初—12世纪初

五代时,契丹尽取渤海地,而黑水靺鞨附属于契丹。其在南者籍契丹,号熟女直;其在北者不在契丹籍,号生女直。

——《金史·卷一·本纪第一》

女真族的兴起

女真族历史悠久,从虞舜时代便已生活于中国东北,并和中原有来往。女真在不同的时期有不同的称呼,浩瀚的历史长河中,女真一直作为配角出现,直至辽朝末年,女真崛起,成为主角。

其他称呼
肃慎、挹娄、勿吉、黑水靺鞨、女真

居住区域
白山黑水(今长白山、黑龙江)

主要部落首领
完颜石鲁、完颜乌古乃、完颜劾里钵等

族属
东胡人

唐/五代·渤海手摇石磨
渤海国上京龙泉府遗址出土,现藏于黑龙江省博物馆。渤海国是一个以靺鞨族为主体的政权。

女真族源自中国古老的民族肃慎族,不同的时期有不同的名字,汉晋时期称作挹娄,南北朝时称作勿吉,隋唐时称作黑水靺鞨。渤海国雄踞辽东时,黑水靺鞨是渤海国的附属。契丹兴起后,灭掉渤海国,黑水靺鞨又臣服于契丹。契丹对黑水靺鞨分而治之,一部分黑水靺鞨人被契丹迁入辽东,入籍契丹,被称作熟女真;另外一部分黑水靺鞨人继续生活在黑龙江、长白山一带,被称作生女真。

生女真有许多部落,其中最强大的是完颜部。完颜部酋长完颜石鲁在位时,先后征服了多个部落。完颜石鲁之子完颜乌古乃继位后,继续征服其他部落,铁勒、兀惹等部落的人也纷纷前来投靠。

完颜部壮大后,完颜乌古乃积极为辽朝皇帝做事,以赢得辽朝的信任。辽朝皇帝为了打猎的需要,强迫东方各部落每年上缴猛禽海东青,而蒲聂部不肯受辽朝压迫,首领拔乙门起兵叛辽,拒绝上缴海东青。辽朝打算派兵征讨,完颜乌古乃向辽朝献计,说:"如果向蒲聂部用兵,拔乙门肯定会依靠险要的地势阻抗,那样的话,

116

估计长年累月都难以讨平了，不如用计取。"辽朝听从了完颜乌古乃的建议，让他处理此事。完颜乌古乃假意和拔乙门交好，然后让妻子作为人质，趁机袭击了蒲聂部，将拔乙门抓住献给了辽道宗。辽道宗亲自接见完颜乌古乃，任命他为女真节度使。完颜乌古乃为了避免脱离生女真，他只接受了节度使的封号，却不接受节度使的印绶。

辽咸雍八年（1072年），没拈部的勃堇（勃堇，相当于"长官"，首领的意思）谢野也不肯向辽朝上缴海东青，起兵叛辽。完颜乌古乃再次积极帮辽朝讨伐不肯臣服的部落，他身穿重铠，率领部众力战谢野，终于击败了谢野。在回军的路上，完颜乌古乃疾病发作，回到部落便去世了，他的次子完颜劾里钵继任女真节度使。完颜劾里钵在任期间，通过抚慰或征讨的方式，先后使桓赧、散达、乌春、窝谋罕等部臣服，女真逐渐强大起来。

肃慎先民生活场景

肃慎是中国古代东北民族，大体分布在今长白山以北，西至松嫩平原，北至黑龙江中下游广大地区。黑龙江流域出土的魏国平周布和今吉林、黑龙江两省发现的肃慎典型器物"石砮"，以及在上述肃慎人分布区内，普遍发现鼎、鬲等器物，都表明肃慎人与中原地区很早就在政治、经济和文化方面有着频繁的交往和联系。图中表现的是肃慎先民制陶的生活场景。

1114年

是月，女直阿骨打举兵伐辽，进军宁江州，次寥晦城。博勒和征兵后期，杖之，复遣督军诸路兵皆会于拉林水，得二千五百人。申告于天地曰："世事辽国，恪修职贡，有功不省，而侵侮是加。今将问罪于辽，天地其鉴佑之！"遂命诸将传梃而誓曰："汝等同心尽力，有功者，奴婢部曲为良，庶人官之；先有官者，叙进轻重视功。苟违誓言，身死梃下，家属无赦！"

——《续资治通鉴·卷九十一》

阿骨打起兵反辽

辽朝崛起时，席卷北方，曾立后晋，也曾灭后晋，更曾迫使宋朝签订澶渊之盟，而到了末年，内部骄奢淫逸，不思进取，庞大的帝国其实已经不堪一击。阿骨打以几千人之众，举兵反辽，辽朝节节败退，竟然不是对手。

起兵时间
1114年

起兵地点
来流河（今松花江支流拉林河）

起兵人数
2500

起兵理由
一、辽朝赏罚不公；二、辽朝收留阿疏

关键战役
宁江州之战、出河店之战

勇武善战

完颜阿骨打是生女真酋长完颜劾里钵的次子，小时候便力大无比。有一次阿骨打的父亲完颜劾里钵和其他部族交战，身上受了四处伤，情况十分危急，他让阿骨打坐到他的腿上，说："等这个孩子长大了，我还有什么好担忧的呢？"

阿骨打10岁的时候，便非常喜欢弯弓射箭，一

套马二骏图卷
金人杨微绘，又称"二骏图"，骑马者梳裹头长辫，身穿圆领窄袖袭服，生动描绘出金朝女真骑士的形象。

次，辽朝的使者看到他手拿弓箭，便让他射天上的鸟，阿骨打三发三中，辽朝的使者不禁惊叹道："真是个奇男子啊。"还有一次，阿骨打到纥石烈部的活离罕家赴宴，众人散步门外，见远处有个小土山，众人朝那边射箭，都无法射到土山那边，阿骨打射了一箭，结果一下便飞过了土山，宗室里最善于射箭的人都没有阿骨打射得远。

阿骨打23岁时，跟从父亲完颜劾里钵攻打窝谋罕城（今黑龙江哈尔滨东南），身上只穿短甲，不戴头盔，也不骑马，在阵前号令众军，城里的人因此认识他。纥石烈部的麻产占据直屋铠水，修建堡垒，招纳亡命之徒，拒不听命。阿骨打与兄长完颜乌雅束率军讨伐，阿骨打亲自擒获麻产，献首辽朝，因功被辽帝任命为详稳（契丹官名，"将军"之意）。之后，阿骨打跟从叔父完颜盈歌讨伐温都部的跋忒、叛变辽朝的萧海里，都立下了赫赫战功。

阿骨打的父亲完颜劾里钵非常器重他，认为大儿子完颜乌雅束性格柔善，难以成大事，次子阿骨打却可能会成就大事。阿骨打的叔父完颜盈歌也非常器重阿骨打，每次都和阿骨打出双入对，阿骨打若是外出归来，完颜盈歌也会亲自迎接他。

远近归心

阿骨打跟从完颜盈歌讨伐萧海里时，招募士兵，一共召集了1000多人，

金太祖完颜阿骨打画像
完颜阿骨打（汉名完颜旻，1068年—1123年），金朝开国皇帝。虎水（今黑龙江省哈尔滨东南阿什河）女真族完颜部酋长乌古乃之孙，劾里钵之次子，完颜部首领，金朝的建立者。善骑射，力大过人。在位9年，终年56岁。此像现藏于哈尔滨金上京历史博物馆。

在此之前女真士兵从来没有这么多人。阿骨打见这么多骁勇的士兵，勇气倍增，感叹道："有这么勇猛的甲兵，还有什么事情是图谋不了的呢！"

女真人和辽军合兵后，准备讨伐萧海里，阿骨打让辽军观战就好了，自率女真士兵和萧海里作战。辽朝的渤海留守要赠送盔甲给阿骨打，阿骨打不要，完颜盈歌问阿骨打为什么，阿骨打说："如果接受了他的盔甲，打赢了仗那就是因为他的功劳了。"

辽乾统九年（1109年），阿骨打

的兄长完颜乌雅束任酋长时，女真闹灾荒，收成不好，很多人都饿死了，也有很多人都铤而走险，变成强盗。完颜欢都等人都认为应该要用重法，将强盗全部都杀死。阿骨打不同意，他认为那些强盗都是被逼无奈才去当贼的，他用棍子指着士兵们说："现在穷人们都没法活下去了，靠卖妻卖子来还债，若不是因为被逼无奈，谁会去卖自己的骨肉。从今以后，欠债的三年内都不准再催，三年后再说。"士兵们都听从了他的命令，女真的百姓们听了也都十分感动，渐渐归心阿骨打。

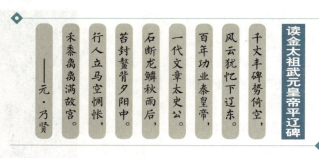

读金太祖武元皇帝平辽碑

千丈丰碑势倚空，
风云犹忆下辽东。
百年功业秦皇帝，
一代文章太史公。
石断龙鳞秋雨后，
苔封鳌背夕阳中。
行人立马空惆怅，
禾黍离离满故宫。

——元·乃贤

起兵反辽

辽天庆三年（1113年），完颜乌雅束去世，阿骨打继任酋长。其时，辽朝天祚帝不理朝政，热衷畋猎，常常压迫剥削女真族，每年辽朝使者都会趁着征收海东青的机会，到女真境内，索要东西，贪得无厌，激起了女真族的愤怒。阿骨打渐生反辽之心，他先派蒲家奴去辽朝索要纥石烈部的逃人阿疏，后再派宗室完颜习古乃借着索要阿疏之名，到辽朝刺探虚实。习古乃回来后，告诉阿骨打天祚帝骄奢淫逸，辽朝军备废弛。于是，阿骨打修建城堡，准备兵器，准备反辽。

辽朝得知阿骨打有异常举动，派人询问，阿骨打以自备为托言迷惑辽朝使者，辽朝终究起了疑心，调兵防备。阿骨打召集将佐们说："辽人知道我要举兵，现在调集军队前来防备，先发制人，后发将会受制于人。"于是一边征兵，一边招抚各部，准备起兵。

天庆四年（1114年）九月，阿骨打召集诸路兵，会师于来流河（今

完颜阿骨打雕塑
位于黑龙江省哈尔滨金上京历史博物馆广场。

松花江支流拉林河），一共得兵2500人，在河边申告天地，誓师伐辽，说明辽朝的罪行：女真替辽朝平定窝谋罕、萧海里等叛乱，有功却得不到赏赐；辽朝收留罪人阿疏，不肯交还女真。阿骨打与众将依次立下誓言，表示要同心尽力伐辽。在伐辽之战中，奴婢若是有功便可以成为百姓，百姓有功便可以当官，当官的有功便可以加官。若是有人违背誓言，死于棍下，家属也不会被赦免。誓师之后，阿骨打率兵攻打辽朝的宁江州（今吉林扶余东南）。

辽朝得知阿骨打起兵，令耶律谢十率兵平叛，女真军和辽军在辽朝边境交战，阿骨打亲自射杀耶律谢十，辽军大败，十死七八。十月，女真军攻陷宁江州城，抓获了宁江州防御使大药师奴，阿骨打故意放大药师奴回去，让他召谕辽人，以达到分化辽人的目的。阿骨打又召谕渤海人，对他们说："女真、渤海本来就是一家，我兴兵伐罪，不会滥杀无辜。"

十一月，女真军的规模达到3700人。辽天祚帝派遣都统萧嗣先、副都统萧挞不也率领步骑7000人进军鸭子河北（今松花江扶余段），准备征讨女真军。阿骨打率领女真军进军，赶到鸭子河，女真军才渡过三分之一人，就和辽军相遇，两军在出河店（今黑龙江肇源西南）大战。恰逢大风，尘埃漫天，女真军趁着风势

金太祖阿骨打墓出土石棺椁龙纹图案
北京房山金陵遗址出土，金太祖阿骨打陵地宫内共出土四具石棺椁，除青石雕刻龙纹石椁被砸毁成碎片外，其余均完整保留。此流云纹和团龙纹就是已毁的龙椁椁盖和东壁挡板上的图案。

进击，辽军大败，女真军乘胜又攻下辽朝的宾州（今吉林农安红石垒）、祥州（今吉林农安万金塔东北）、咸州（今辽宁开原老城）等地。辽人曾经说过"女真兵不满万，满万不可敌"的话，此时的女真军人数已经达到了1万人。

金·磁州窑白地黑彩孩儿枕
枕以侧卧童女为造型，童女双手枕于头下，双脚屈于臀下，眉目清晰，脸颊肥润，神态自然。身着白底黑花衣裳，衣褶自然，枕面饰以白地黑花绘山禽蛱蝶图。整体布局设计巧妙，新颖别致。现藏于美国费城艺术博物馆。

1115年

女直阿骨打称皇帝,谓其下曰:"辽以宾铁为号,取其坚也。宾铁虽坚,终亦变坏。惟金不变不坏,金之色白,完颜部色尚白。"于是国号大金,改元收国,更名旻。

——《续资治通鉴·卷九十二》

金朝立国

完颜阿骨打雄起东北,立国称号,如摧枯拉朽般,几年的时间便席卷北方,击败辽朝。他虽然死于灭辽之前,但是已经奠定金朝根基,从此一个更加强大的帝国取代辽朝,屹立于中国北方。

政权名称
大金

建立时间
1115年

建立者
完颜阿骨打

民族
女真族

军事制度
猛安谋克制

金·葡萄纹玉饰
寓意多子多福,现藏于上海博物馆。

称帝建国

辽天庆五年(1115年)正月,阿骨打的弟弟完颜吴乞买以及女真官员完颜撒改、完颜辞不失、完颜宗翰等官属将领劝进,于是阿骨打即皇帝位。阿骨打说:"辽朝以精炼之铁为号,取其坚硬之意,但铁虽然坚硬,终究会腐蚀损坏,只有金不会变化也不会坏掉。"便将国号定为大金,年号为收国。

辽天祚帝得知阿骨打称帝,命令都统耶律讹里朵、左副统萧乙薛、右副统耶律章奴率大军征讨,对外号称骑兵20万人、步兵7万人。阿骨打亲率女真军进逼达鲁古城(今吉林前郭)。辽军虽然人数多,但是众心不一,且怯战,在女真军的猛攻下,大败,达鲁古城被阿骨打攻下。该年八月,阿骨打又率女真军进攻辽朝重镇黄龙府(今吉林农安)。九月,攻陷了黄龙府。

天祚帝得知黄龙府失守,大惊,急忙率领70万大军征讨阿骨打,而当时女真军只有2万人。阿骨打召集众将,假装仰天大哭道:

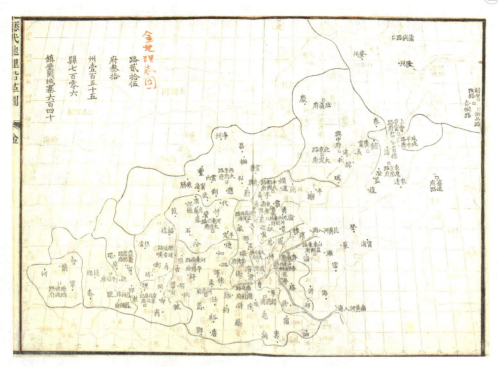

金地理志图

出自清同治十一年（1872年）马征麟版《历代地理沿革图》。

"我和你们起兵，是因为契丹人残忍，所以想要自己建立国家。现在天祚帝亲自率领大军来征讨。怎么办？除非人人死战，不然根本挡不住辽朝大军。如果大家不同心，倒不如你们杀了我全家，投降天祚帝，或许可以转祸为福。"众将听完，都表示事已至此，唯阿骨打命令是从，和辽军血战到底。

恰好，此时辽朝内部发生了耶律章奴叛乱事件，耶律章奴率领党羽奔往上京，宣告众人，声称拥立耶律淳为帝，指责天祚帝耽乐误国。天祚帝恐怕内部有失，无暇顾及女真，匆匆忙忙率兵回去平叛。金军诸将请求追击辽军，阿骨打说："如果真的想追击辽军，那就要轻装进攻，不要管辽军辎重，等击败了辽军，要啥没有？"于是，金军诸将人人踊跃。阿骨打又说："彼众我寡，所以我军不能分散，应该集中兵力，直攻辽军中军，击败了中军，就赢了。"阿骨打率领仅有的2万金军，直攻辽军中军，一直追击到步答冈（今吉林榆树）。辽军大败，死者相连，连绵上百里，丢弃的舆辇、军资、兵器、牛马、宝物数不胜数。

建立制度

阿骨打立国之初，进行了一系列改革，建立了新的制度，其中最主要的一项制度是猛安谋克制度。猛安谋克制最初是一种军事组织制度，在女真族早期已经存在了，女真族长官称作孛堇，再往下有猛安、谋克等称呼。阿骨打建国之初，将这种制度详细化了，他规定300户为1谋克，10谋克为1猛安。猛安谋克制度既是金朝的军事制度，也是行政制度。阿骨打击败天祚帝的大军后，很多契丹人、熟女真、渤海人、奚人也都前来投靠，阿骨打也用猛安谋克制将这些人进行编制，收为己用。

除了政治军事上的猛安谋克制，阿骨打对经济生活也进行了一些改革，前来投靠的各族百姓，他都给予田地使百姓进行耕种。他还禁止国内同姓之间的婚姻，同姓若是结婚，便会被杖打，然后迫使离婚。

势如破竹

收国二年（1116年）正月，渤海人高永昌趁着辽朝内忧外患之际，占据辽东京（今辽宁辽阳）称帝，国号大元。天祚帝派兵征讨，高永昌向女真求助，希望女真可以联盟共同攻打辽朝。阿骨打同意高永昌的请求，但是要求高永昌去掉皇帝的称号，高永昌不同意。五月，阿骨打派兵赴辽东，先击败了辽军，然后进攻高永昌，高永昌率兵抵抗，结果战败被杀，女真占据了辽东半岛。

次年，阿骨打改元天辅。天辅元年，金兵先后攻克了泰州、显州、乾、懿、亳、徽、成、川、惠等州也都先后投降。在金军的猛攻之下，天祚帝于天辅三年（1119年）六月，派太傅习泥烈出使金朝，封阿骨打为东怀国王，妄想以王位招抚阿骨打。此时的阿骨打见辽朝腐败不堪，早有灭辽之心，自然不会将一个王位看在眼里，他拒绝了辽国的册封。而宋朝见金朝崛起，辽朝节节败退，也派人跨过渤海，与金朝签订了海上之盟，约定两国合力攻辽。辽亡之后，宋朝将原来给辽的岁币转纳给金朝，而燕云十六州之地归宋朝。

功成病逝

天辅四年（1120年）四月，阿骨打亲率大军进攻辽上京（今内蒙古巴林左旗）。辽上京留守挞不野自恃上京城墙坚固、囤积丰厚，固守城池，结果金军从早上开始攻城，不到中午就攻下了，挞不野投降。

天辅五年（1121年），辽朝耶律余睹前来投降。阿骨打尽知辽朝虚实，以耶律余睹为先锋，自率大军南征。次年正月，金军攻陷辽中京（今内蒙古赤峰市宁城县）。四月，金军攻陷辽西京（今山西大同），辽天祚帝逃往阴山。十二月，金军至辽南京（今北京）城下，辽朝的南京官员率众出降。

天辅七年（1123年）八月，还军途中，阿骨打病逝于部堵泺西行宫，终年56岁。阿骨打虽已去世，但他建立了金朝，并且攻占了辽朝五京，辽朝已名存实亡了。

金·定窑白釉印鹿衔灵芝纹盘
敞口，折沿，圈足。内壁以缠枝荷莲纹装饰，点纹饰水波。盘心饰两头奔鹿，鹿角高耸，短尾上卷，一鹿回首呼唤同伴，一鹿口衔灵芝紧跟其后。四周密布牡丹、莲荷、灵芝等多种瑞植，寓意四季福禄，生机盎然。芒口，镶铜。现藏于美国大都会艺术博物馆。

1125年—1127年

金人以帝及皇后、皇太子北归。凡法驾、卤簿，皇后以下车辂、卤簿、冠服、礼器、法物、大乐、教坊乐器、祭器、八宝、九鼎、圭璧、浑天仪、铜人、刻漏、古器、景灵宫供器、太清楼秘阁三馆书、天下州府图及官吏、内人、内侍、技艺、工匠、娼优，府库畜积，为之一空。

——《宋史·卷二十三·本纪第二十三》

灭北宋

金朝灭辽之后，面对富裕的宋朝，自然生了侵占之心，宋朝在和金共同攻辽过程中暴露出来的战斗力低下等问题，更坚定了金朝侵宋之心。金朝在灭辽几个月后便向宋朝开战。面对金兵南下，宋朝皇帝不思抵抗，只想着求和，最终被俘灭国。

时间
1125年—1127年

地点
开封

金朝将领
完颜宗翰、完颜宗望等

宋朝将领
李纲等

结果
宋徽宗、宋钦宗被俘虏北上，北宋灭亡

相关事件
靖康之耻

毁盟南侵

宋金签订海上之盟共同伐辽，在伐辽的过程中，宋军战斗力低下，官员腐败，这些情况都被金军看在眼里，金朝渐生伐宋之心。而宋朝接纳金朝叛将张觉，又给了金朝出兵的理由。

天会三年（1125年）十月，金朝刚刚灭了辽朝几个月后，金太宗便下诏伐宋，以弟弟完颜杲为都元帅，坐镇京师，兵分两路讨伐宋朝。西路军由左副元帅完颜宗翰率领，从西京（今山西大同）攻打太原；东路军以南京路都统完颜宗望率领，从南京（今河北卢龙）攻打燕山府（今北京城西南）。

坐镇太原的最高长官是宋朝的童贯，他虽然是

金·磁州窑金三彩婴戏纹枕
枕呈四方形，枕面以黄、绿、紫三色饰庭院婴戏纹：垂柳依依，湖石俊朗，两童子身着单衣单裤，蹴鞠而戏；图案两边绘串枝花卉纹，黄色花瓣，绿色衬叶，紫色为蕊；枕周壁上半部分以黄、绿两彩为饰，下半部分无釉露胎。金三彩传世极少，此件更显珍贵。现藏于美国弗利尔美术馆。

个太监，但是刚刚因为收复燕云之地被宋徽宗封为广阳郡王。童贯得知金军大举南下，急忙派马扩、辛兴宗到完颜宗翰军中查探金军是否真的要南下。完颜宗翰派遣使者见童贯，表示宋朝割让河东、河北的土地给金朝，以黄河为界，金兵才会退去。童贯听罢，又忧虑又气愤，但是不知道该怎么办，打算逃回开封。太原知府张孝纯劝阻童贯，说："金人背盟，大王您应该召集各路将士，尽力抵抗才对，如果您都跑了，那肯定人心动摇，等于将河东之地拱手让给金人了。河东土地若丢，河北的土地也守不住。还是留下来报效国家吧。太原城池坚固，士兵也都熟悉战事，金人未必能攻克。"童贯不听，还是逃回了开封。张孝纯和副都总管王禀只好率领军民拼死抵抗，金军久攻太原不下。

金军的东路军也遭到了宋军的抵抗，燕山知府蔡靖派遣已经降宋的辽将郭药师率领4.5万人在白河迎战金军，结果大败。郭药师和蔡靖商量投降金军，蔡靖不同意，郭药师便抓了蔡靖投降金军，燕山府失守。随后，宋朝的朔州、武州、代州、忻州等地也都降金，金军长

李纲

李纲（1083年—1140年），字伯纪，号梁溪先生，祖籍福建邵武，祖父一代迁居江苏无锡。北宋末、南宋初抗金名臣。宋徽宗政和二年（1112年）进士，历官至太常少卿。宋钦宗时，授兵部侍郎、尚书右丞。

在北题壁

彻夜西风撼破扉，
萧条孤馆一灯微。
家山回首三千里，
目断山南无雁飞。
——宋徽宗

驱直入。

兵临城下

天会四年（1126年）正月，金太宗重用熟悉宋朝虚实的郭药师为前驱，一路畅行无阻，疾驰300里，渡过黄河，攻到开封城下。宋徽宗急忙传位太子，是为宋钦宗，改元靖康，宋徽宗自己弃开封而逃。宋钦宗起用兵部侍郎李纲为东京留守，抵抗金军。金军进攻宣泽门，李纲亲临前线，招募死士2000人抵抗，击杀金军上百人，挡住了金军的第一轮进攻。完颜宗望又指挥金军攻打通天门和景阳门，李纲率领善射宋军千余人使用神臂弓、床子弩、手炮、檑木抵抗，又派数百勇士缒城烧掉金军云梯。金军被杀死几千人，进攻再次受挫。

宋军守城虽然取得初步胜利，但是宋钦宗畏金兵如虎，还是派遣使臣到金营议和。完颜宗望表示，宋朝只有向金朝提供黄金500万两、白

喜迁莺（塞上词）

边城寒早。
对漠漠暮秋，霜风烟草。
战马长闲，刀斗无声，空使荷戈人老。
陇头立马极目，万里长城古道。
感怀处，问仲宣云乐，从军多少？

缥缈。云岭外，夕烽一点，塞上传光小。
玉帐尊罍，青油谈笑，肯把壮怀销了？
画楼数声残角，吹彻梅花霜晓。
愿岁岁静烟尘，羌虏常修邻好。

——宋·李纲

银5000万两、牛马1万匹、表缎100万匹，割让太原、中山（今河北定州）、河间三地，并且让宋朝的亲王和宰相到金朝做人质，才肯退兵。面对完颜宗望的无理要求，李纲力劝宋钦宗不要答应，他说："黄金、白银的数量太大，纵然竭尽天下财力也没法满足，而且太原、中山、河间是国家的屏障，如果丢了，国家就失去了保障。现在增援京师的军队都在赶来，金兵孤军深入，必然不能久留。"又说，"金兵虚张声势，其实兵力不过6万人，而且大半都是奚人、渤海人、契丹人，开封城外勤王的宋军都有20万人，必然可以取胜。"但是宋钦宗不听，下诏将太原、中山、河间三地送给金朝，并且搜刮开封百姓家中的金银送给金人，如果有人敢私藏金银，还要军法从

宋·靖康元宝
宋钦宗赵桓靖康年间铸行。钱文为篆、隶二体旋读，有小平、折二、折三对钱。

事。宋徽宗第九子康王赵构自告奋勇，愿意去当人质，宋钦宗便将赵构和太宰张邦昌送到金营当人质。

二月，李纲率领宋军从景阳门杀出，与金军交战，杀死了许多金军。宋将姚平仲也率宋军袭击金营，被完颜宗望击败。一心求和的宋钦宗得知之后，大吃一惊，急忙将李纲罢官。完颜宗望派人问宋钦宗为什么出兵交战，宋钦宗忙派宇文虚中为使者，到金营解释，完颜宗望这才携了宋朝送过来的黄金、白银退兵。完颜宗望回国后，因伐宋之功，被金太宗任命为右副元帅。

靖康之变

八月，金太宗再次令左副元帅完颜宗翰、右副元帅完颜宗望大举伐宋。九月，完颜宗翰攻陷拒不投降的太原城，宋朝副都总管王禀战死，知府张孝纯被金军俘

虏。十一月，完颜宗翰从太原进军，完颜宗望从真定进军，两路金军先后攻下郑州、泽州、怀州等地，最后在开封城下会师。

完颜宗翰、完颜宗望合兵后，攻破了开封外城，然后提出议和，让宋钦宗亲自到金营商量割地赔款之事。宋钦宗迫不得已，只好向金军献上降表，下令各路勤王兵停止前来开封，到金营求和。宋钦宗答应了金军各项要求之后，才被放回开封。宋钦宗回到开封后，搜刮开封的金银财宝、马匹、美女送给金军。完颜宗翰的人还不满足，再次要求宋钦宗到金营，宋钦宗只好再次到金营，这次完颜宗翰等人没有见他，而是扣留了他，逼迫宋廷再次交纳金银。

天会五年（1127年）二月，完颜宗翰等人又逼迫宋朝的太上皇宋徽宗到金营。宋徽宗到了金营，金太宗下令废宋徽宗、宋钦宗为庶人，金兵命令宋徽宗、宋钦宗脱去龙袍，宋臣李若水抱着宋钦宗不让脱龙袍，并且大骂金人。完颜宗翰见李若水颇有骨气，许以高官厚禄，想让李若水投降，李若水严词拒绝，完颜宗翰便下令杀死了李若水。

三月，金太宗下诏册封宋臣张邦昌为帝，国号大楚，建立傀儡政权。四月，金军俘虏宋徽宗、宋钦宗以及宋朝宗室、官员、百姓北返，北宋灭亡。因此事发生在宋朝靖康二年（1127年），故史称"靖康之耻"，或者"靖康之难""靖康之变"。

宋·赵佶·小楷《千字文》（局部）
靖康二年（1127年），宋徽宗赵佶被金兵俘获，后死于五国城（今黑龙江依兰）。赵佶擅长于书画艺术，也喜欢书写《千字文》，留存至今的两件《千字文》墨迹，展现出其超凡脱俗的艺术功力。现藏于上海博物馆。

> 1135年—1149年

熙宗自为童时聪悟，适诸父南征中原，得燕人韩昉及中国儒士教之。后能赋诗染翰，雅歌儒服，分茶焚香，弈棋象戏，尽失女真故态矣。

——《大金国志》

熙宗革新

金朝灭宋之后，占领中原，原有的女真制度难以更好地治理中原地区。深受汉文化影响的第三任皇帝金熙宗进行了多项改革，使金朝政权更加牢固，更易为中原百姓接受。但是金熙宗善始却不能善终，后期酗酒嗜杀，最终也被别人所杀。

姓名
完颜亶

庙号
金熙宗

在位时间
1135年—1149年

为政措施
改勃极烈制为三省六部制；行政区域划分路、州、县；创立女真小字；移民屯田；制定法律

相关事件
天眷新制、绍兴和议

金·钧窑天蓝釉紫斑盘
敞口，折沿下垂，浅弧壁，圈足露胎。通体蓝釉，内外有几块大小不一的紫斑，斑状成块，虽有流动性却略显僵硬、色彩暗淡，装饰倾向明显不像宋代同类器那样显得自然流畅、浑然一体。现藏于美国哈佛艺术博物馆。

改革官制

天会十三年（1135年），金太宗去世，阿骨打嫡长孙完颜亶继位，是为金熙宗。金熙宗和金朝前两位皇帝有着很大的不同，他深受儒家思想影响，汉文化程度很高。

金熙宗的父亲完颜宗峻是金太祖阿骨打的嫡长子，在征辽的战争中受伤去世。完颜宗峻去世后，年幼的金熙宗由伯父完颜宗干抚养。完颜宗干此人喜爱汉文化，重用汉人，让汉人张用直给金熙宗以及自己的儿子们当老师。后来金熙宗又受教于汉人文士韩昉，所以汉文化水平很高。

深受汉文化影响的金熙宗继位之后，便开始对女真族旧有的制度进行了改革。在金熙宗进行改革之前，金朝上层实行的是

勃极烈制度，国家的大政方针都由高层的几个勃极烈讨论决定，这种制度既和汉人地区的制度冲突，也和金熙宗的皇权冲突。金熙宗继位后，立刻废除了原来的勃极烈制，改用汉人的三省六部制，以原来的国论忽鲁勃极烈完颜宗磐为尚书令、太师，以原来的国论左勃极烈完颜宗干为太傅，以原来的国论右勃极烈完颜宗翰为太保，这三人共领尚书事。尚书省设左右丞相、平章政事、左右丞、参知政事，其下又设置左右司和六部。

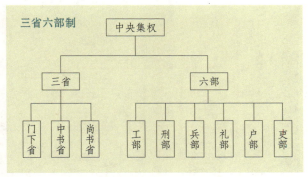

行政区域的划分也采用汉制，即路（府）、州、县三级，金熙宗将全国分为19个路，路下设州，州又分三种，节度州、防御州和刺史州，节度州的长官是节度使，防御州的长官是防御使，刺史州的长官是刺史，州下为县。

天眷元年（1138年），金熙宗正式颁布官制，将原来女真、辽、宋旧的官制，统一按照新的官制进行换授，对金朝官员，根据功勋的大小，授予不同的爵位和封国。之后，金熙宗又进行了

金·女真文书残页
现藏于西安碑林博物馆，据考证，《女真文书》应是启蒙读物，很可能是女真大字的创造者完颜希尹编纂的《女真文书》，均为4字一句，内容涉及天文、地理、时序、动植物、日常用具等生活常识。

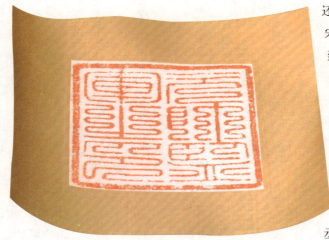

金代元帅监军之印（拓片）
首都博物馆藏。

详细的官制建设，在礼仪、服色、谥法、祭祀等方面都做了详细的规定。

巩固皇权

金熙宗即位之初，女真族内部的权力斗争还是十分激烈的。三位被金熙宗改为三师的勃极烈中，只有伯父太傅完颜宗干和金熙宗关系较好，而太保完颜宗翰有灭辽灭宋两大功劳，亲信众多，势力极大，对金熙宗皇位的威胁也很大。太师完颜宗磐也是金熙宗一个很大的威胁，因为他是金太宗的嫡长子，金太宗传位给金熙宗却没有传位给他，他自然是心有不满的。

为了巩固皇权，金熙宗首先对完颜宗翰下手。天会十五年（1137年），金熙宗以贪赃罪，杀掉完颜宗翰的亲信尚书左丞高庆裔。完颜宗翰得知后，不久愤懑而死。完颜宗翰虽死，他的势力还在。金朝灭宋之后，因为宋徽宗之子康王赵构称帝，建立南宋，所以金朝便扶植宋将刘豫建立伪齐政权，完颜宗翰是支持伪齐的。金熙宗在完颜宗翰死后，废伪齐皇帝刘豫为蜀王，解除了完颜宗翰在中原的势力。完颜宗翰的另外一位亲信尚书左丞相完颜希尹不久也被杀，完颜宗翰的势力彻底被清除。

完颜宗翰的势力被金熙宗清除后，太师完颜宗磐大权独揽，又和尚书左丞相完颜宗隽、左副元帅完颜昌结党，把持朝政，专横跋扈。由于当时南宋出现岳飞、韩世忠等名将，南宋对金朝的弱势局面开始扭转，岳家军节节胜利，完颜宗磐、完颜宗隽等人变成主和派，主张将河南、陕西之地还给南宋，和南宋议和，向南宋称臣，进贡即可。金熙宗利用主战派完颜宗干、完颜宗弼等人的力量，以谋反罪诛杀完颜宗磐、完颜宗隽，将完颜昌贬官，不久又将完颜昌杀掉，完颜宗磐的势力也被彻底清除。

金熙宗通过两次政治斗争，将朝中权臣悉数除掉，巩固了自己的地位。

锐意革新

金熙宗在位期间，除了改革官制，在其他方面也都进行了改革：

一、文字改革。金朝建立后，金太祖令熟习契丹文、汉文的完颜希尹创造了女真大字。金熙宗继位后，又创造了女真小字，然后在全国颁行，女真族、契丹族、汉族各使用自己的文字，渤海人和汉人一样使用汉字。

二、移民屯田。金熙宗废掉刘豫的伪齐政权后，为了加强对中原地区的控制，自皇统元年（1141年）开始从北方大批迁移女真、契丹、奚族百姓到中原地区，和中原的汉人杂处，给予官田，使之耕种。从黄河流域到淮河流域的广大地区，都有女真、契丹、奚人的村落。

三、颁布法律。金熙宗根据宋朝的法律，于皇统五年（1145年）颁布了1000多条的皇统新律，这是金朝第一部文本的法律。

对外方面，金熙宗派完颜宗弼不断对南宋用兵，并且迫使宋高宗赵构杀死抗金名将岳飞。皇统元年（1141年），金宋签订和议，因该年是南宋的绍兴十一年，所以史称绍兴和议，和议的内容有：

一、宋向金称臣，金册封赵构为皇帝。

二、划定金宋疆界，东以淮河中流为界，西以大散关（今陕西宝鸡西南）为界，南属宋，北属金。宋割让唐州（今河南唐河）、邓州（今河南邓州）二州以及商州（今陕西商洛市商州区）、秦州（今甘肃天水）的大部分给金。

三、宋每年向金纳贡银25万两、绢25万匹，从皇统二年（1142年）开始，每年春季在泗州（今安徽泗县）交接。

和议签订之后，金宋结束了持续十几年的战争，之后20年未再发生大的冲突。

金熙宗在位晚期，由于大臣完颜宗干、完颜宗弼相继去世、皇后裴满氏干政、太子夭折等因素，性情大变，开始酗酒，并且随意杀人。他先后杀掉亲弟弟完颜元、完颜查剌、皇后裴满氏以及妃嫔十几人，使得朝臣震恐，人人自危。皇统九年（1149年）十二月，完颜宗干之子完颜亮发动政变，将金熙宗杀死，自立为帝。

金·白玉雕春水带钩
玉质温润细腻，工艺精细。以透雕技法描绘了一只受海东青追捕的天鹅受惊飞入莲花池塘内的慌张景象。此题材沿袭元代，雕工一改粗犷不羁的作风变为细腻柔和，整器精雕细琢，层层雕镂，刻画逼真，用心良苦。

1150年

十二月丁巳，忽土、阿里出虎内直。是夜，兴国取符钥启门纳海陵、秉德、辩、乌带、徒单贞、李老僧等人至寝殿，遂弑熙宗。

——《金史·卷五·本纪第五》

完颜亮弑君夺位

完颜亮是个有大志的皇帝，也确实做了不少积极的举措。他精于诗词，用人不问出身，只看才能，从这些方面讲几乎有明君的样子，但是另一方面他嗜杀、好色、好大喜功。这些缺点要了他的命，弑君者终究被人弑，夺位者终于被人夺。

主角
完颜亮

弑君时间
1150年1月

所弑国君
金熙宗完颜亶

帮凶
完颜秉德、唐括辩、乌带、大兴国等

继位后举措
迁都燕京，置金五京；设一省六部制；中央集权；举贤任能

性格
嗜杀、好色、好大喜功

称号
海陵王

金中都模型
金中都仿照北宋汴京之规制，在辽南京城基础上扩建。中都城东南角，在今永定门火车站西的四路通；东北角在宣武门内翠花街；西北角在军博南黄亭子；西南角在凤凰嘴村。

心怀异志

完颜亮（1122年—1161年），字元功，是完颜宗干第二个儿子。因为父亲尊崇儒学，完颜亮小时候和金熙宗一起受业于汉人儒士张用直，汉文化水平很高。完颜亮18岁跟随叔父完颜宗弼行军打仗，被任命为万户长，后因军功又被封为骠骑上将军。皇统四年（1144年），完颜亮被加封为龙护卫上将军，不久又被任命为中京（今内蒙古赤峰宁城）留守。

皇统七年（1147年）五月，金熙宗召完颜亮入京。金熙宗对这个从小一起长大的堂弟十分信任，任以要职，拜尚书左丞。完颜亮表面对金熙宗忠心，暗地里却心怀鬼胎，他觉得自己父亲是金太祖

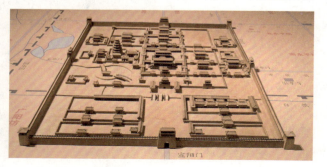

的长子（庶长子），所以自己也有资格当皇帝。

完颜亮为中京留守时，便已结纳中京猛安萧裕，图谋不轨。完颜亮入京掌权之后，立刻将心腹萧裕提拔为兵部侍郎，不久又提拔为知南京留守事，再改北京留守。

弑君夺位

金熙宗的重臣完颜宗干、完颜宗弼先后去世后，皇后裴满氏干预朝政，完颜亮依附裴满氏，因此得以急速升迁，进京一年多便被任命为右丞相。皇统九年（1149年）正月，完颜亮又被任命为都元帅，掌握金朝最高军权。完颜亮过生日的时候，金熙宗派小底（内侍）大兴国送贺礼过去，结果发现皇后裴满氏也有送礼物给完颜亮。金熙宗非常不高兴，将大兴国打了一顿，将赐给完颜亮的礼物收了回来，开始对完颜亮不信任。完颜亮也因此心中不安。

四月，翰林学士张钧因为草诏忤旨被诛杀。金熙宗追问是谁指使的，左丞相完颜宗贤说是完颜亮指使的。金熙宗勃然大怒，贬完颜亮为领行台尚书省事。完颜亮自知已经不得金熙宗欢心，开始策划发动政变。他前往汴京（今河南开封）赴任，路过北京（今内蒙古赤峰宁城）时，和自己的心腹北京留守萧裕密谋，准备在河南起兵，让萧裕在北京结纳众猛安起兵响应。两人约定好，完颜亮继续南下，到良乡（今北京西

题临安山水

万里车书一混同，
江南岂有别疆封？
提兵百万西湖上，
立马吴山第一峰！
——完颜亮

南）时，忽然接到金熙宗召还的命令。完颜亮猜不透意图，一时惊慌难安，但还是硬着头皮返回上京。完颜亮到了上京，金熙宗并没有对他怎么样，只是授予他平章政事一职，这却加深了完颜亮心里的恐慌。

金熙宗在位后期，喜怒无常，随意杀人，杖打大臣更是习以为常，右丞相完颜秉德、驸马唐括辩都曾经被打过。完颜秉德心怀愤恨，和唐括辩、大理卿乌带密谋打算废掉金熙宗。乌带将他们密谋的事情告诉完颜亮，完颜亮和完颜秉德等人联合，又接纳同样曾被金熙宗打过的大兴国，众人于皇统九年十二月九日（1150年1月），将金熙宗刺杀于寝殿，立完颜亮为帝。

大开杀戒

完颜亮通过非法手段称帝，继位之后，首要任务是巩固自己的皇位，他先将拥立自己称帝的人都给予高官。完颜秉德被任命为左丞相兼侍中、左副元帅，唐括辩被任命为右丞相兼中书令，乌带被任命为平章政事，心腹萧裕被召入京师任命为秘书监。大兴国原来只是

括辩，这两个人本来是拥立完颜亮的功臣，但是由于完颜秉德起初本意不是打算立完颜亮为帝，所以也被完颜亮视作潜在的威胁，一并诛杀掉了，完颜宗翰的子孙30多人也都被害。至于唐括辩，则是由于他性格残忍且家中有许多忠心奴仆，同样为完颜亮所畏忌，所以一起杀掉了。萧裕因为诛杀完颜宗本等人之功，被完颜亮任命为尚书左丞，加仪同三司。

完颜亮通过疯狂杀戮的手段，将对自己皇位有威胁的宗室大臣全部除掉，加强和巩固了自己的皇位。

关于金代完颜亮身死扬州的记载
出自宋代史学家徐梦莘著《三朝北盟会编》。

金熙宗的内侍，也因为拥立之功，被任命为广宁尹。

对于自己曾经的政敌以及对自己构成威胁的人，完颜亮毫不手软地进行屠杀。金熙宗在位时，左丞相完颜宗贤经常和完颜亮政见不合，完颜亮对他非常忌惮。领三省事兼左副元帅完颜宗敏是金太祖之子，身份尊贵，性格勇武，完颜亮也十分忌惮。完颜亮称帝之后，立刻将二人杀掉。

金太宗子孙众多，对完颜亮的皇位也构成了威胁。天德二年（1150年）四月，完颜亮以谋反罪将金太宗儿子太傅完颜宗本、判太宗正府事完颜宗美、东京留守完颜宗懿以及其他太宗子孙共70多人全部处死，金太宗的子孙断绝。同时被处死的还有完颜秉德和唐

厉行革新

完颜亮虽然残暴好杀，但还是做了许多革新的。贞元元年（1153年），完颜亮将金朝的都城迁到燕京（今北京），以燕京为中都，效仿辽朝五京制度，设置金朝的五京，以原来的大定府（原中京，今内蒙古赤峰市宁城县）为北京，以辽阳府（今辽宁辽阳）为东京，以大同府（今山西大同）为西京，以汴京（今河南开封）为南京。迁都之后，为了防止女真贵族心怀故土，想要返回上京（今黑龙江哈尔滨），正隆二年（1157年）八月，完颜亮罢上京留守司，十月，令人将上京的宫殿、豪宅、寺庙全部夷为平地，空出来土地让百姓耕种，彻底断绝了女真贵族想要返回旧地的念想。

完颜亮对金朝的官制也进行了改

革，天德三年（1151年），完颜亮罢世系万户制，取消了女真贵族子孙相继的传统，大批起用契丹人、汉人、渤海人人才，不论贵贱，只要有才能，都给予高官。正隆元年（1156年）正月，完颜亮将三省中的中书省、门下省取消，只保留了尚书省，尚书省中的平章政事一职也被取消，原先的三省六部制变成了一省六部制。通过官制改革，金朝权力高度集中，被牢牢控制在完颜亮手中。

南征遇弑

完颜亮曾说自己平生有三大志向：第一，国家大事都由自己决定。第二，率军伐国，俘虏他国国君。第三，将天下绝色美女都收入后宫。完颜亮通过官制改革，将国家大权牢牢掌握，已经实现了第一个志向。完颜亮本人又荒淫好色，有姿色的女人都会被他霸占，纵然已经是人妻，他也会强行夺去。乌带之妻唐括氏容貌出众，被完颜亮看上，他便不顾乌带是拥立自己称帝的功臣，将乌带处死，然后霸占唐括氏，封为贵妃。完颜亮的第三个志向也算实现了，只有第二个志向还未实现，为了实现自己这个志向，完颜亮破坏了金宋多年的和平，打算对南宋用兵。

正隆四年（1159年），完颜亮罢除凤翔、唐、邓、颍、蔡、巩、洮、胶等地榷场，开始准备伐宋。二月，完颜亮一边令工部尚书苏保衡在通州（今北京通州区）打造战船，一边在全国征兵，凡是20岁以上、50岁以下的男子全部都要纳入军籍。三月，完颜亮又派使者到全国各地督促各地打造兵器。为了有足够的钱财和物资打造兵器，完颜亮不断增加赋税，很多金朝百姓被迫杀死自家的牛，以便上缴牛筋牛皮。

完颜亮的横征暴敛导致金朝百姓民不聊生，纷纷揭竿而起，金朝全国很多地方都发生了农民起义，大的有数万人，割据城池，小的有几百上千人，占据山林，契丹人也趁机起义。完颜亮无视乱象纷起的局面，依然一意孤行，于正隆六年（1161年）九月亲率大军伐宋。金军兵分五路，完颜亮自率主力进攻庐州（今安徽合肥）；工部尚书苏保衡率领水军，从海道直趋南宋首都临安（今浙江杭州）；太原尹刘萼率军攻蔡州（今河南汝南）；河中尹徒单合喜率军由凤翔攻散关；徒单贞别率军攻淮阴（今江苏淮阴）。

十月，东京留守完颜雍（金太祖之孙）在后方发动政变，自立为帝，是为金世宗，金世宗废完颜亮为海陵王，改元大定。同一月，苏保衡率领的水军在海上遭到宋军攻击，几乎全军覆没。完颜亮得知金世宗称帝，仍然继续攻宋，结果在采石矶（今安徽马鞍山）被宋将虞允文率军击败，死伤无数。金军士气低下，士兵们纷纷逃亡，前去东京投靠金世宗。完颜亮在进退两难的情况下，继续催逼金军将士渡江，终于激起兵变，耶律元宜率军攻击完颜亮的大帐，完颜亮被乱箭射死，享年40岁。

> 1189年—1206年

时金有国七十年，礼乐政刑，因辽、宋旧制，杂乱无贯，金主欲更定修正，为一代法，其仪式条约，多守贞裁定，故明昌之治，号称清明。

——《续资治通鉴·卷一百五十三》

明昌之治

金朝经过世宗、章宗两代皇帝宽容开明政策的治理，无论是经济，还是文化，都达到了顶峰，军事上也击败了宋朝的北伐，被后人称为盛世。但章宗后期，由于天灾、宠信权臣、蒙古崛起等因素，金朝开始由盛转衰。

皇帝
金章宗完颜璟

在位时间
1189年—1208年

在位举措
休养生息；废除奴隶制；发展汉文化；整治官员

其他因素
祖父金世宗打下基础

影响
经济繁荣，府库充实，人口增加，人称明昌之治

稳定政局

金世宗继位之初，政局极为不稳，可谓内忧外患，一方面，由于完颜亮穷兵黩武，发动对宋战争，导致金宋关系恶化；另一方面，全国起义不断，尤其是契丹农牧民的起义，声势浩大，严重威胁着金朝统治。

金世宗吸取完颜亮滥杀宗室贵族的教训，对大臣们采用较宽容的政策，不管是拥护自己的，还是拥护完颜亮的，只要有才能，都给予重用。汉人张浩是完颜亮在位时的太傅，很有才干，金世宗加以重用，任命为太师、尚书令。东京路转运使张玄素曾经在完颜亮面前说金世宗的坏话，金世宗继位后，张玄素赶去朝见金世宗，金世宗对以前的事都不过问，仍然重用

金·木雕释迦牟尼像

他，任命他为户部尚书。北面副都统纥石烈志宁以前深受完颜亮信任，金世宗继位时，纥石烈志宁正和北面都统白彦敬率兵镇压契丹农牧民起义，得知金世宗称帝，纥石烈志宁准备率军进攻金世宗，但是士兵们都不肯和金世宗作战，纥石烈志宁无奈，只得向金世宗投降。金世宗不但不怪罪，依旧重用他，让他随同右副元帅仆散忠义率兵继续征讨契丹起义军，最终击败起义军，擒杀起义军领袖移剌窝斡。金世宗通过这些政策，得到了朝臣们的拥护，平定了内部的叛乱，结束了混乱的局面，使金朝转危为安。

对外方面，金世宗派遣使臣到南宋，希望与南宋和谈，改善关系。但是南宋新继位的宋孝宗主张收复失地，拒绝了金朝和谈的请求，于大定三年（宋隆兴元年，1163年），以主战派将领张浚为统帅大举北伐，史称隆兴北伐。金世宗派仆散忠义、纥石烈志宁率金军反击，在符离（今安徽宿州）大败宋军，迫使南宋签订和议，和议规定金宋为伯侄关系，岁币从原来的银25万两、绢25万匹减少为20万两、20万匹，宋割让初期占领的海（今江苏连云港海州区）、泗（今安徽盱眙西北）、唐（今河南唐

金章宗完颜璟书《告诸姬》

金章宗（1168年—1208年），完颜璟，小字麻达葛，是金世宗完颜雍之嫡孙，为金朝文化水准最高者。他不但对国内文化发展加以奖励，而且他自己亦能写得一手好字，与北宋徽宗的"瘦金体"形似。

金·对弈仕女图砖雕

河)、邓(今河南邓州)、商(今陕西商洛市商州区)、秦(今甘肃天水)等州给金,史称"隆兴和议"。

休养生息

在经济民生方面,金世宗实行休养生息的政策。大定二年(1162年),金世宗将被强迫南征的士兵除6万人留戍外,其他都遣返回家。完颜亮在位时期因重赋苛税而成为强盗或者逃避在外的百姓,都命令归农,罪名不管轻重,一并免除。各地的流民也命令还乡,官府给予田地,使之耕种,并且实行轻徭薄赋政策,减轻农民的负担。

金灭辽后,很多寺院的二税户都沦为奴隶。大定二年,金世宗下诏,二税户有凭证可以证明自己身份的,都放免为良民。平定移剌窝斡后,金世宗又将契丹人中的奴婢都放免为良民。完颜亮在位时,很多大臣都被无辜杀死,家属成为奴婢,金世宗将他们也都放免为良民。完颜亮的时候,由于战乱和饥荒,很多百姓都被逼得卖妻卖子,大定三年(1163年),金世宗下令让官府赎还曾因战乱或者饥荒而卖妻卖子者。金世宗在个人生活方面也非常节俭,他也要求女真贵族不崇尚奢华,生活朴素,官员廉洁有能的,会被升职,贪污或者尸位素餐的,则会被降职或者收监。

经过金世宗近30年的治理和建设,金朝政局稳定,府库充实,百姓殷富,为自己孙子金章宗完颜璟的"明昌之治"打下了基础,他因此被人称作"小尧舜"。

辽阳白塔(垂庆寺塔)
塔高71米,八角十三层密檐式结构,是东北地区最高的砖塔,也是全国六大高塔之一。金代大定年间(1161年—1189年)金世宗完颜雍为其母通慧圆明大师(贞懿皇后)李洪愿所建。塔身八面建有佛龛,龛内砖雕坐佛,塔顶有铁刹杆、宝珠、相轮等。

明昌之治

大定二十九年（1189年）正月，金世宗去世，因为太子完颜允恭已在大定二十五年（1185年）先他去世，所以他遗诏让完颜允恭之子完颜璟继位，是为金章宗。金章宗的父亲完颜允恭深受儒家思想影响，能诗善画，金章宗终日耳濡目染，且又有儒学之士侍读，受儒家思想也颇深，文学造诣很高，善诗词，书法出众，和宋徽宗的"瘦金体"相似。

金章宗继位之后，继续施行祖父金世宗时期的仁政，下诏解放寺院的奴隶、奴婢，让奴隶成为平民，使女真族落后的奴隶制渐渐向封建制转变。明昌元年（1190年）三月，金章宗下令：奴婢所生的子女，尚书省给主人家钱40贯，便可以将子女赎为平民，进一步解放了奴隶。金章宗对官员的治理也十分重视，他规定宰相不得收受贿赂，纵使是过生日时别人送的礼金也不能超过一万钱。金章宗又禁止女真贵族向货船、商人随意征收钱税的行为，对于谏官，他鼓励谏官们直言勇谏，有好的建议就要提出来。金章宗本人崇尚儒学，汉文化水平很高，金朝也涌现出很多文采出众的官员，政治比较清明。

金章宗在位期间，金朝经济繁荣、府库充实，人口增加很快，泰和六年（1206年），金朝总人口达到了5600万。金章宗在位的这段时间也因此被后世称之为"明昌之治"。但是金章宗晚期，由于天灾频频发生，金章宗本人又宠用权臣，外加蒙古崛起，金朝开始由盛转衰。

金·木雕彩绘大势至菩萨像

1214年

上决意南迁，诏告国内。太学生赵昉等上章极论利害，以大计已定，不能中止，皆慰谕而遣之。

——《金史·卷十四·本纪第十四》

宣宗南迁

面对蒙古的崛起，金宣宗不积极抵抗，反畏敌逃亡，放弃中都南迁，结果南迁第二年中都便沦陷，北方各地也或投降或自立，金朝失去了对北方的控制，加速了灭亡。

南迁时间
1214年

在位皇帝
金宣宗完颜珣

原都城
中都（今北京）

新都城
南京（今河南开封）

外因
蒙古崛起，蒙军南下

内因
金宣宗畏敌，不思抵抗，只想逃亡

影响
金中都被蒙古军攻陷，金朝北方或降或叛，失去控制

弑君立帝

泰和八年（1208年）十一月，金章宗去世，由于章宗无子嗣，章宗的叔叔完颜允济继位。金章宗后期，宦官、近臣擅权，朝政腐败，金朝已经由盛转衰，完颜允济继位后，为人平庸懦弱，无治国之能，无法阻挡蒙古大军的进攻。至宁元年（1213年）八月，金朝右副元帅胡沙虎（纥石烈执中）发动政变，杀死完颜允济，立金世宗之孙完颜珣为帝，改元贞祐，是为金宣宗。

金宣宗继位后，任命有拥立之功的胡沙虎为太师、尚书令、都元帅，并且加封泽王。胡沙虎自恃有功，愈加嚣张跋扈，金宣宗允许胡沙虎坐着上朝，胡沙虎也毫不客气。胡沙虎又上奏让降完颜允济为庶人，大臣们大都附和胡沙虎，不敢提出反对

金·磁州窑绞胎碗
敞口，深弧腹，浅圈足。碗为瓷胎，施一层有色化妆土，呈色土黄。除碗口与圈足外，其他地方均以黑白两色胎泥绞出相互接连的朵花纹进行装饰，外罩透明釉。装饰淡雅质朴，一如其色。绞胎瓷在宋金时代，以河南焦作的当阳峪窑所出最为精致和美丽，因其工艺的高难度，绞胎瓷成为当时王公贵族们的奢侈之物。现藏于美国布鲁克林博物馆。

1211年蒙金野狐岭之战

野狐岭之战发生于金卫绍王大安三年（1211年）八月，在野狐岭（今河北省万全区）发生的决定蒙古与金朝双方命运的决定性战役。在这次战役中，成吉思汗指挥十万大军集中打击45万金国大军的中路十万军队，蒙军大胜，金国几乎丧失了所有精锐，从此再也没有能力抵抗蒙古铁骑。导致金国内部发生弑君政变，加速了金国的灭亡。

意见，只有文学田廷芳奋然而起，认为完颜允济没有大的过错，不应该被削爵，金宣宗这才只将完颜允济降为东海郡侯。

南迁避祸

金宣宗继位后，仍然面临着蒙古的威胁。贞祐元年（1213年）十月，蒙古大军兵临中都（今北京）城下，金宣宗将抗击蒙古的希望都寄托于胡沙虎身上，然而胡沙虎并没有什么有效的良策，只是让元帅右监军术虎高琪率领飐军抵抗蒙古。

金宣宗派元帅右监军术虎高琪率军迎战蒙古军于城北，结果两战两败。术虎高琪害怕被杀，于是先下手为强。十月份，引军进入中都，围攻胡沙虎的住宅，将胡沙虎杀死。

事后，术虎高琪提着胡沙虎的头去见金宣宗，金宣宗早已对胡沙虎的专横跋扈不满，所以不但没有怪罪术虎高琪擅杀，还升任他为左副元帅，不久又拜平章政事，术虎高琪开始掌握大权。

与蒙古议和后，金朝元帅左监军完颜弼认为议和并不持久，难保蒙古大军不会再来，所以劝金宣宗迁都南京（今河南开封），依靠黄河阻挡蒙古军。金宣宗也恐怕中都守不住，决意南

金·磁州窑竹禽图伏虎枕

枕呈卧虎形,虎眼圆睁,竖耳、卷尾伏卧,满身酱地黑彩绘虎皮条纹。虎背为腰圆形枕面,枕面白地黑彩,画墨竹一枝,喜鹊啾鸣于上,寥寥数笔,将"喜事临门"的美好寓意表现得淋漓尽致。底无釉,上以墨书标注了购买的时期和价格。虎枕最早出现于唐代,盛行于金,因虎是百兽之王,是威猛的象征,同时也有正义、吉祥、辟邪等作用,在民间深受人们的青睐。现藏于美国布鲁克林博物馆。

迁，昭告全国。

太学生赵昉上书力陈利害，劝金宣宗不要迁都，金宣宗不听。左丞相徒单镒也坚决反对迁都，认为一旦迁都，人心思乱，金朝的北方就会守不住，不如利用议和后这段时间，聚集士兵，囤积粮草，固守中都。金宣宗的弟弟完颜从彝说祖宗的山陵、宗庙都在中都，怎么能放弃逃走呢？金宣宗都不听。徒单镒见金宣宗不听劝说，忧愤而死。

贞祐二年（1214年）五月十一日，金宣宗正式下诏南迁，留尚书左丞相兼元帅完颜福兴、左副元帅抹捻尽忠辅佐太子完颜守忠留守中都。五月十七日，中都的珠宝、文书等物先被运往南京，第二天，金宣宗匆匆忙忙离开中都，逃往南京去了。

金宣宗的南迁让成吉思汗看到金朝的腐败和软弱。当年六月，成吉思汗以金朝迁都违约为名，派遣大军南下，次年五月，攻陷金中都，中都主将完颜福兴服毒自杀。金朝北方一片混乱，将领们或者投降蒙古，或者趁机拥兵自立，而底层的百姓们

金·铜坐龙
黑龙江哈尔滨上京遗址出土，为皇室御用之物。黄铜质铸造而成，集龙、麒麟、狮、犬形象和特点于一身，堪称金源文化代表。

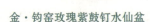

金·钧窑玫瑰紫鼓钉水仙盆
唇口厚沿，浅弧形腹壁，平底下承三如意云头形足。口沿下和底处各环列一圈鼓钉纹。盆内施天蓝色釉，釉面光滑；外壁玫瑰紫釉交融，釉薄处露胎。但就此件瓷器而言，也不失为金代的一件钧窑精品。现藏于美国洛杉矶郡立艺术博物馆。

则纷纷起义抗金，使金朝的局面更加糟糕。

权臣误国

金宣宗南迁之后，对术虎高琪愈加信任。术虎高琪大权在手，擅作威福，凡是附和自己的官员都得到重用，不附和自己的官员都会被排斥。有些官员很有才干，但是和术虎高琪不和，术虎高琪便会故意在金宣宗面前夸这些官员有才能，派这些官员到北方危险的地方做官，借助蒙古人或者叛军之手，将这些与自己不和的官员除掉。

书生樊知一进言飐军（术虎高琪嫡系军队）不可信，恐怕会生乱，惹怒了术虎高琪，立刻被术虎高琪杀掉，从此没人敢议论

关系军国利害的事情。术虎高琪权倾朝野，甚至金宣宗本人对他也十分忌惮。应奉翰林文字完颜素兰曾经向金宣宗密奏术虎高琪树植党羽、作威作福、残害忠良、灭乱纲纪，劝金宣宗除掉术虎高琪。金宣宗听完后，一再告诫完颜素兰不能泄露出去，以免被术虎高琪听到。

金·磁州窑张家造白地黑花《归去来兮辞》图枕
长方体，枕面中收略凹，绘《归去来兮辞》图人物纹，通体认白地黑花装饰。

亡国危机

金宣宗南迁时，随同南迁的金军有几十万之多，术虎高琪将这几十万金军都布置在南京周围，而对于其他城池全然不顾，导致蒙古兵横行无忌。台院令史高嶷上书金宣宗，请求让术虎高琪为统帅，率兵抵抗蒙古军，结果高嶷的奏章被术虎高琪压下来，金宣宗根本无法得知。御史台的官员也上奏金宣宗，请求将南京几十万守军分出一部分，由十几名勇将率领，和陕西金军互为掎角之势，或战或守，以便抵御蒙古军。术虎高琪却说御史台的官员根本不懂兵法军事，请金宣宗拒绝采纳。金宣宗对术虎高琪言听计从，仍然令重兵只守南京。结果金朝其他地方都在蒙古军的攻击下，一片残破。

面对蒙古军南下，金朝丢城失地，术虎高琪又给金宣宗出乱招，让金宣宗进攻南宋，将金朝丢失的土地从南宋拿回来。新上任的平章政事胥鼎上书劝谏，细述六条不可伐宋的理由，他认为当务之急应该是挑选猛将勇士，守卫边地，等国用丰饶之时，进击蒙古，恢复金朝旧地。

兴定元年（1217年），金军大举攻宋。开始的战局很好，金军连战连胜，攻克了南宋的光山（今河南信阳光山县）、罗山（今河南信阳罗山县）等地，不久宋军开始反攻，金军占领的城池又被宋军夺回。金宣宗见攻宋不成，想要和宋议和，结果被南宋拒绝，金宋开始连年战争，互有胜负。

术虎高琪接连误国，也引起了金宣宗的不满。兴定三年（1219年），术虎高琪让其家奴杀妻，事后又将其家奴送到开封府灭口。金宣宗得知后，便以此事为借口，将术虎高琪诛杀。术虎高琪虽死，金朝却陷入两面作战的困境，既要抵抗北面蒙古军的进攻，又要和南面的宋军连年作战，损兵折将，日渐危急，亡国只是时间问题了。

金·木雕彩绘菩萨像

菩萨发髻高束,发绺披肩。脸形丰满圆润,面相端庄舒展,双目微垂、神态庄重。躯体健硕,袒露上身,斜披圣带,胸佩璎珞。尊造像质朴简洁,形体健硕浑圆,流露出北方民族的写实风格。

1214年—1231年

自杨安儿、刘二祖败后,河北残破,干戈相寻。其党往往复相团结,所在寇掠,皆衣红纳袄以相识别,号"红袄贼"。官军虽讨之,不能除也。大概皆李全、国用安、时青之徒焉。

——《金史·卷一百二·列传第四十》

红袄军起义

金朝末年,金朝内部腐败,对百姓的压迫和剥削更重,重压之下的山东、河北百姓愤然而起,举义反抗,他们既要与金兵作战,又要与南侵的蒙古军作战,夹缝中求生存。由于起义军内部派系众多,既不团结,又缺乏远见,最终在宋、金、蒙三国的分化、打击、招降下,失败了。

领袖
杨安儿、李全、刘二祖等

地区
山东、河北

起义原因
蒙古南侵,金朝剥削压迫

人数
多者几十万,少者数万

结局
或降宋,或降蒙,或降金,大多战死

失败原因
起义军内部不团结,且又夹在宋、金、蒙三国之间,为三国或利用,或攻击

金·黑釉铁锈花罐
圆口,丰肩,敛腹,圈足。通体施黑釉,肩部以铁锈花装饰。

血战金兵

金宣宗贞祐年间,蒙古大军南下,金军节节败退,面对内忧外患的局面,金朝统治者不思应对外敌,反而横征暴敛,加紧剥削百姓。山东、河北一带的百姓,不堪压迫,纷纷揭竿而起,抗击金军,因起义军俱穿红纳袄以相识别,故称红袄军。起义军遍及山东、河北各地,队伍数量大小不一,其中规模较大的有三支起义军:山东益都(今山东青州)的杨安儿、潍州(今山东潍坊)李全、泰安刘二祖。除此之外,还有密州(今山东诸城)方郭三、真定(今河北正定)周元儿等多支起义队伍。

贞祐二年(1214年),杨安儿攻陷莱州,在莱州称王,置百官,年号天顺。潍州北海人李全,善使铁枪,人称"李铁枪",和兄长李福

率众数千起义，进取益都，响应杨安儿。金宣宗急忙派宣招使仆散安贞率兵征讨，七月，金军与徐汝贤率领的10万红袄军交战，红袄军大败，被金军杀死数万人。不久，仆散安贞率领金军再次在莱州城东击败红袄军20万之众。红袄军死伤近半，莱州失守，杨安儿逃走。金军一边追击杨安儿，一边施以重赏，有能抓住杨安儿的，官授三品，赏钱10万贯。杨安儿乘舟逃到海上，舟人曲成贪图赏钱，袭击了杨安儿，杨安儿落水而死。

仆散安贞镇压完杨安儿，又招降刘二祖的红袄军，刘二祖拒绝投降。贞祐三年（1215年）二月，仆散安贞派兵进攻刘二祖，红袄军被杀4000多人，8000人被俘。仆散安贞另遣一军攻击红袄军水寨，红袄军被杀5000多人，刘二祖也被金军擒获并被杀害。

杨安儿被杀后，杨安儿之妹杨妙真、母舅刘全率领残部1万多人和李全会合，李全与杨妙真在磨旗山（今山东莒县）结为夫妇。不久，刘二祖残部彭义斌也率领本部红袄军归附李全，李全成为红袄军实力最大的一支。

金·石雕覆彩菩萨像
身材修长，头佚失。

归降南宋

金兴定元年（1217年），宋宁宗下诏伐金，并招安各路红袄起义军，李全归降南宋，南宋授李全为武翼大夫及京东副总管，称李全军为"忠义军"。忠义军归宋淮东提点刑狱兼楚州知州贾涉节制，屯驻在淮阴（今江苏淮安）。随后，时青、石珪、夏全等人领导的红袄起义军也都投降南宋。

兴定三年（1219年）春，金军大举南下，金朝左副元帅仆散安贞率兵攻打宋朝的安丰（今安徽淮南）。宋军大败，宋将李庆宗又在濠州（今安徽凤阳）被击败，死伤3000人，金军一直推进到长江边，宋廷震动。贾涉令李全、李福等人率领忠义军攻打金军后方，以减少南宋压力。李全率领忠义军至涡口（今安徽怀远）时，正逢金军将要渡淮河，趁机袭击，金军大败，溺死于淮河者数千人，被俘者不计其数。金军经此惨败，不敢再渡淮河。李全也因此战之功，被宋廷封为达州刺史，李全妻被封令人。

该年秋，李全进军山东，得知占据益都的张林有归宋之意，并且张林在山东一带颇有威势，李全亲临益都，劝张林归宋，张林应允，和李全结为兄弟，在他的努力下，山东登、莱、青、潍、密、莒等州全都归降了南宋。南宋封张林为武翼大夫、京东安抚使兼总管，李全为广州观察使、京东路总管，屯驻在楚州（今江苏淮安）。兴定四年（1220年），李全与张林合兵进攻山东东平，结果却被金朝东平守将斡不塔击败，士兵死伤过半，不得不退回楚州。

金·张珪·神龟图卷

此图右下临水沙滩上绘乌龟一只，仰首，口中喷出一股云气，祥云中现出一轮红日。衬景是广阔的水面和沙丘，使画面平添了神秘感。此图用笔工整细腻，龟之甲纹描画得一丝不苟。构图简洁，设色妍美，画风近院体，为张珪传世孤本。

分化覆灭

南宋虽然收降红袄军为忠义军，但是对忠义军并不信任，只是利用他们来抗金。宋廷称忠义军为"北军"，称南宋的军队为"南军"，北军士卒不得渡过淮河。李全、彭义斌、石珪等人归降宋朝后，宋朝对他们分而制之，以免他们坐大。宋廷如此做，使得忠义军内部互不信任，各怀心思，最终成了一个个割据一方的势力。涟水（今江苏涟水）忠义军首领季先被诱杀后，负责节制忠义军的宋朝制置使贾涉想要收编涟水忠义军，涟水忠义军众将拒不受编，反而拥立石珪为新的首领。李全得知

后,向贾涉效命,请求讨伐石珪,最后在贾涉、李全的逼迫下,石珪抛弃妻子和儿子,投降蒙古,李全趁机吞并了涟水忠义军。

兴定五年(1221年),李全与张林因争盐场之利,爆发冲突,李全率兵攻击张林,张林战败,也投降了蒙古,李全占领了青州(今山东益都)。贾涉去职后,李全趁宋朝节帅更换之际,又吞并了原来贾涉的帐前忠义军。金元光二年(1223年),宋廷以许国为淮东安抚制置使,节制忠义军。许国到任后,处处压制忠义军,引起李全不满。李全率兵攻击许国,杀死许国幕僚章梦先,许国也自缢而死。忠义军另一将领彭义

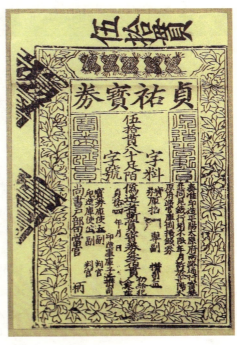

金·贞祐宝券五十贯钞帖
金初期使用辽、宋旧钱,贞元二年(1154年)发行纸币"交钞",三年后才开始铸造铜钱。先纸币后铜钱在中国历史上成为特例。贞祐宝券是在贞祐三年(1215年)发行的纸钞,有特殊的历史文化价值。宝券呈长方形,钞面花栏上横书"伍拾贯"。现藏于山西博物院。

斌不满李全的行为,和李全决裂,击败李全,进军北上,又击败金将武仙,队伍扩大到几十万人。之后,彭义斌转战河北、山东一带,与蒙古军多次交战,最终在五马山之战时,不幸被俘遇害。

正大三年(1226年),蒙古大将孛鲁率兵入山东,围攻青州,李全坚守青州城达一年之久,在弹尽粮绝、士兵大量死亡的情况下,投降蒙古。李全降蒙后,与宋作对,烧毁宋军机械库,宋廷派兵征讨。正大八年(1231年),李全兵败被杀。

1224年—1234年

己酉，承麟即皇帝位。百官称贺。礼毕，亟出捍敌，而南面已立帜。俄顷，四面呼声震天地。南面守者弃门，大军入，与城中军巷战，城中军不能御。帝自缢于幽兰轩。末帝退保子城，闻帝崩，率群臣入哭，谥曰哀宗。哭奠未毕，城溃，诸禁近举火焚之。奉御绛山收哀宗骨瘗之汝水上。末帝为乱兵所害，金亡。

——《金史·卷十八·本纪第十八》

哀宗失国

"天兴不是亡国主。"这是元初名儒郝经对金哀宗的评价，非常贴切。金哀宗在位时，金朝积弊已久，败局已定。金哀宗虽然任用勇将，力图恢复，但终究还是难以力挽狂澜。金哀宗临死前，传位完颜承麟，也正是因为他不甘心担"亡国之君"这个名。

朝代
金朝

亡国时间
1234年

亡国之君
金哀宗完颜守绪（金末帝完颜承麟在位时间不足一天）

地点
河南汝南

亡国原因
积弊已久，大厦将倾，独木难支

金·定窑白釉刻花四系盖罐
瓜蒂形纽盖，直口，短颈，丰肩，弧腹下敛，圈足。通体白釉，刻花装饰。颈环饰花瓣纹，附塑四系耳，下为两道弦纹，罐身满刻多层花瓣纹。纹饰质朴，造型丰满。现藏于大英博物馆。

危难继位

元光二年十二月（1224年1月），金宣宗去世，其子完颜守绪继位，是为金哀宗。金哀宗继位时的金朝内忧外患，已经濒临灭亡。金宣宗在位时，无力抵挡蒙古大军南侵，只好抛弃中都，迁都开封，又与西夏失和，更做出错误的伐宋决策，导致金朝三面受敌，岌岌可危。

金哀宗在危难之中继位，力图挽救金朝于即倒，他首先停止攻宋，接着和西夏重新结好，结束了金朝三面受敌的局面，然后开始全力抵御蒙古。对内方面，金哀宗大胆起用一批有才能的将领和大臣，让他们担任要职，如完颜陈和尚、完颜合达、完颜赛不、张行信等人都被金哀宗重用。胥鼎是金宣宗时的大臣，既有将才又有帅才，曾经劝阻金宣宗南迁，金宣宗不听，后来胥鼎便称年老致仕。金哀宗继位后，起用胥鼎，拜平章政事，进封英国公。胥鼎又以年老多病为由，向金哀宗请求辞官。金哀宗以他在河东一带颇有威望，极力争取，最终在金哀宗的争取下，胥鼎终于同意受命赴任。蒙古将武仙原本是金将，曾经被金宣宗封为恒山公，后来不敌蒙古，被迫投降。金哀宗得知武仙心怀故国，立刻派人招降，武仙为哀宗感化，于正大二年（1225年）杀掉蒙古将史天倪，回到金朝，金哀宗重新封他为恒山公。

力图恢复

对外方面，金哀宗任用猛将，希望恢复故地。正大三年（1226年），金哀宗令移剌蒲阿、纥石烈牙吾塔率领金兵进攻山西，经过一年血战，于次年收复平阳（今山西临汾）、太原（今山西太原）等地。该年，成吉思汗病逝于南征西夏的军中，蒙古军退去，金朝的压力稍减，然而正大六年（1229年），成吉思汗之子窝阔台继承大汗之位后，又一次派大军南下，8000名蒙古军为先锋，进攻金朝的大昌原（今甘肃宁县太昌乡）。金军统帅平章政事完颜合达询问谁敢去破蒙古军，完颜陈和尚应声而出，率领由回纥、乃满、羌、浑、汉等族组成的忠孝军400人攻击蒙古军，忠孝军骁勇善战，人人争先，竟以400人大破蒙古军8000人，取得大昌原之战的胜利。

无力回天

蒙古军大昌原惨败之后，蒙古大汗窝阔台于正大八年（1231年），亲率大军，兵分三路攻金，窝阔台为中军，渡河直取开封；成吉思汗弟铁木格斡赤斤为东路军，从济南进攻；窝阔台弟拖雷为西路军，率兵4万人，假道南宋，由宝鸡入大散关，沿汉水而下，进入湖北，从南往北进攻金朝。

金·佚名·《歌乐图》
绢本设色，纵25.6厘米，横157.7厘米。全图描绘了宫廷女伎演奏排练的场景。人物有九位女伎、一位老乐官和两位女童。

金·钧窑天蓝釉双系小罐

镂空花卉纹宝珠纽罐,短直口,丰肩,肩部双系,鼓腹,高圈足无釉。腹部满施天蓝釉,釉面蓝中泛紫,光泽度强。虽然金代的钧瓷比不上宋时的精细和美丽,但它打破了宋钧官窑的"御用界律",让钧瓷从贵为祭天、御用的皇室权力尊严的象征,走向了民间,这是钧瓷的第一次重返社会,为后世钧瓷多元化发展开创了先河。

金哀宗得知拖雷从后方来攻,急忙派完颜合达、移剌蒲阿、完颜陈和尚率领金兵15万前往阻截。蒙古军避实就虚,金军来时,蒙古军便退兵,金军下营时,蒙古军便来袭击。金军疲于奔命,苦不堪言,3天不曾好好吃饭。天兴元年(1232年)正月,蒙古军设伏于钧州(今河南禹州)三峰山,大举进攻,适逢大雪,金军饥寒交迫,遭遇惨败,移剌蒲阿被俘拒降而死,完颜合达、完颜陈和尚等人逃往钧州,蒙古军进围钧州,完颜合达战死,完颜陈和尚被俘后,拒绝蒙古招降,被杀。

三峰山一战,金哀宗倚重的大将完颜合达等人都战死,金军精锐损失殆尽,再也无力抵御蒙古军进攻了,蒙古军长驱直入,进围开封。金哀宗与开封军民坚守。五月,开封城中发生瘟疫,死亡90多万人。金哀宗见开封难以再坚守下去,便于十二月弃开封出逃。金哀宗起初打算渡过黄河去卫州(今河南卫辉),让忠孝军元帅蒲察官奴、东面元帅高显、平章政事完颜白撒率领金军攻打卫州,结果被蒙古军击败。天兴二年(1233年)正月,金哀宗抛弃军队,逃往归德府(今河南商丘)。在归德府,蒲察官奴与知府石盏女鲁欢不和,将之杀死,囚禁金哀宗,金哀宗又和内侍密谋杀死了蒲察官奴。六月,金哀宗再次逃往蔡州(今河南汝南)。

该年八月,蒙古与南宋签订协议,约定共同攻金。生死存亡关头,金哀宗急忙派使者到南宋,以唇亡齿寒的道理劝说南宋,希望南宋可以和金朝联合,共同对抗蒙古,结果南宋拒绝了金哀宗的要求,反而派遣孟珙、江海率领宋军协助蒙古军攻蔡州。天兴三年(1234年)正月,蔡州被围困数月后,粮草断绝,外援也绝,金哀宗知道蔡州城将要被攻破了,他不愿意做亡国之君,便传位给东面元帅完颜承麟。金朝君臣草草举行登基大典,大典刚一结束,蒙古军已攻破城池。在与蒙古军激烈的巷战中,金军几乎全部战死或者自杀。金哀宗自缢于幽兰轩,金末帝完颜承麟也死于乱军之中,金朝灭亡。

金代皇陵碑
金陵遗址位于房山区车厂村至龙门口一带的云峰山下,共葬金代"始祖"至章宗17个皇帝、后妃及诸王,是北京地区第一个皇陵,比明十三陵早约200年。

12世纪上半期

好问字裕之。七岁能诗。年十有四,从陵川郝晋卿学,不事举业,淹贯经传百家,六年而业成。下太行,渡大河,为《箕山》《琴台》等诗。礼部赵秉文见之,以为近代无此作也。于是名震京师。

——《金史·卷一百二十六·本纪第六十四》

一代文宗元好问

元好问是金末元初著名文学家、诗人、史学家,他在诗、词、曲、史等方面都有建树,被称为"一代文宗"。他身处金朝亡国之时,却搜集了大量的金代诗词史料,使历史不至于湮没无闻,给后世留下宝贵的财富。

民族

鲜卑族

朝代

金、元

出生地

山西忻州

成就

金代著名文学家、诗人、史学家

代表作

《中州集》、《续夷坚志》、《论诗》等

元好问画像

元好问(1190年—1257年),字裕之,号遗山,太原秀容(今山西忻州)人,金末元初著名文学家、历史学家。工诗、文、词、曲,既是宋金对峙时期北方文学的文坛盟主,又是金元之际在文学上承前启后的桥梁,被尊为"北方文雄""一代文宗"。有《元遗山先生全集》《中州集》。

名震京师

元好问(1190年—1257年),字裕之,太原秀容(今山西忻州)人,鲜卑族,是北魏拓跋氏之后,孝文帝进行汉化改革后,改姓元。元好问的父亲元德明自幼酷爱读书,善诗赋,但是多年科举都不中,于是便放弃功名,纵情山水间,以饮酒作诗自娱,直至老死,终年48岁,著有《东岩集》。

元好问出生于明昌元年(1190年),正逢金朝盛世。元好问出生后7个月,过继给二叔元格,元格在元好问4岁时,延请教师,教元好问读书识字。元好问聪明好学,7岁便能作诗,被人称作神童。11岁时,元格到冀州(今河北衡水冀州区)做官,将元好问也带了过去。翰林侍读学士兼知登闻鼓院路铎是冀州知名文士，文章诗歌颇有独到之处，他非常赏识元好问，给予了元好问不少指点，对元好问的帮助很大。元好问14岁时，元格调任陵川，元好问又跟着叔父到了陵川（今山西陵川），受业于陵川名儒郝天挺。郝天挺字晋卿，因身体多病且厌倦科举，遂授业乡间，元好问师从郝天挺6年，学业大成，便习经传百家。

贞祐二年（1214年），金宣宗弃中都逃往开封，蒙古大军南下，元好问的家乡也遭受兵祸，元好问的哥哥元古死于战乱。为了躲避兵祸，元好问举家迁往河南福昌（今河南宜阳），不久又迁到河南登封。该年夏，元好问至开封参加秋季的科举考试，虽然不曾考中，却因此认识了赵秉文、杨云翼、雷渊、冯璧等文人朝臣，元好问和众人游览山水，诗歌唱和，留下了不少诗歌作品，其中《箕山》和《元鲁县琴台》深得礼部赵秉文赞赏，认为近代没有人能作出这样的诗篇，元好问因此名震京师，被人称为"元才子"。

国破被俘

兴定五年（1221年），32岁的元好问再次参加科举，终于及第，但因科

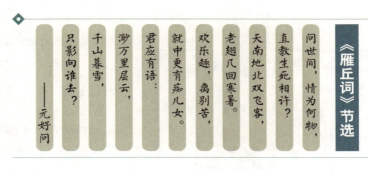

《雁丘词》节选

问世间，情为何物，
直教生死相许？
天南地北双飞客，
老翅几回寒暑。
欢乐趣，离别苦，
就中更有痴儿女。
君应有语：
渺万里层云，
千山暮雪，
只影向谁去？

——元好问

场纠纷，他被诬陷为"元氏党人"，他愤然不就选任。正大元年（1224年），金哀宗继位，元好问得好友赵秉文贡举，参加考试，以优异成绩考中，被任命为国史院编修，留任开封。从正大三年（1226年）开始，元好问先后在镇平、内乡、南阳做县令。天兴元年（1232年），元好问被召入开封，授尚书省掾，不久，升任左司都事，再转尚书省左司员外郎。

天兴二年（1233年），蒙古大军

元好问书迹
元好问跋米芾《虹县诗卷》帖，这是迄今所见唯一的元好问书迹。现藏于日本东京国立博物馆。

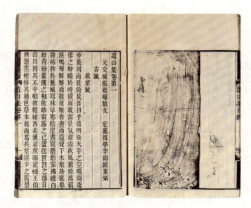

元好问《遗山集》书影

围困开封，金哀宗坚守数月后，开封城内发生瘟疫，死亡90多万人，金哀宗恐开封守不住，弃城而走，逃往归德府（今河南商丘）。开封京城西面元帅崔立发动政变，杀死两位丞相以及其他十几名官员，然后向蒙古纳款投降。崔立希望蒙古可以像当初金朝立刘豫为帝那样，立自己为中原皇帝，便逼迫金朝群臣给他立碑歌功颂德。元好问、王若虚、刘祁等人都被逼着撰写碑文，磨掉宋徽宗所立的"甘露碑"，重新刻上歌颂崔立的碑文。四月，蒙古军攻入开封，俘虏金朝群臣，元好问也被俘虏。五月，元好问被押送到山东聊城，并在聊城被看管了两年，而这期间，金哀宗已在蔡州自缢，金朝灭亡。之后，元好问又被迁往冠氏（今山东冠县）。

一代文宗

元好问有感于国家灭亡，创作了许多诗歌，在诗歌中表达了对金朝灭亡的哀悼，对叛徒误国的痛斥，对蒙古暴行的揭露，对百姓灾难的同情。因元好问诗文名气很大，他在山东期间，很多名人官员都与他交往，甚至蒙古东平路行军万户严实也同他来往，并招他为幕僚。元好问的生活因此得以改善。他除了自己创作大量诗歌外，还收集金代朝臣文人们的诗词。他共收集了金代250名作家的2000多首诗词，汇集编成一部诗集，叫作《中州集》。《中州集》为后人研究金代历史提供了宝贵的资料。

元好问除了在诗歌方面的成就外，在史学方面也颇有建树。金亡后，元好问以修史为己任，想要编写金史。因为当年崔立投降蒙古时，蒙古将张柔进入开封，对金银财宝一无所取，只将

《雁丘词》刻石

元好问16岁时往并州赴试途中，遇到一个捕雁的人对他说捕到一只大雁，另一只脱网。但脱网之雁悲鸣不去，最终撞地而死。元好问买下这两只雁，葬于江边，并写下著名的《摸鱼儿·雁丘词》。其中首句"问世间情为何物，直教生死相许"至今仍脍炙人口。

开封城中的《金实录》以及秘府图书运走，所以元好问到顺天（今河北保定），找到了时任万户的张柔，表示愿意修撰金史，想要借阅《金实录》。因乐夔从中阻挠，元好问未能如愿，无功而返。元好问不甘心史事湮没无存，在家中盖了座亭子，取名"野史亭"，开始自己修撰金史。他周游各地，遍访金朝遗民，搜寻史料，前前后后搜集史料100多万字，编成《壬辰杂编》。后来元朝修撰《金史》，也大都采用元好问所收集的资料。

元好问在书法、散曲、医药等方面也颇有成就，另外他还写有志怪小说《续夷坚志》，他的《论诗》绝句在中国文学批评史上也有一定地位。元宪宗蒙哥七年（1257年），一代文宗元好问在获鹿寓舍去世，时年68岁。

元好问墓
位于忻州市以南7.5千米韩岩村侧，墓周砌石垛。元好问（1190年—1257年），字裕之，祖籍忻州，是金元时期著名诗人、文学家，曾任金朝的尚书省左司员外郎，有《遗山集》，《中州集》十卷，乐府一卷。

元

1271年—1368年

大漠草原,哺养出一代天骄
成吉思汗,不单能弯弓射雕
蒙元统治,于马上得天下,亦能以文化之
长刀所向,东征西讨,文治武功,四方宾服

?—1162年

敦必乃殁，子葛不律寒嗣。葛不律寒殁，子八哩丹嗣。八哩丹殁，子也速该嗣，并吞诸部落，势愈盛大。

——《元史·卷一·本纪第一》

蒙古的兴起

宋朝时期，北方草原上，不同的民族此起彼衰，不断变换，先是契丹崛起，契丹衰落后，女真崛起，女真之后，又有蒙古，历史从此进入新的篇章。

民族来源

东胡—鲜卑—室韦—大室韦—蒙兀室韦—蒙古

世系

葛不律罕（成吉思汗曾祖父）—咸补海罕—忽图剌罕—也速该（成吉思汗父亲）—成吉思汗

兴起原因

回纥西迁，漠北空虚，蒙兀室韦得以迁入；金与辽、宋战争，无暇顾及蒙古，蒙古得以发展壮大

蒙古源出东胡。东胡是同一族源、不同方言名号的部落总称，长期生活于中国的东北部。春秋战国时期，东胡强大，经常和北方的燕国、赵国发生武力冲突。秦汉时期，匈奴崛起，匈奴首领冒顿单于击败东胡，称雄草原，东胡被迫向北、向东迁移，迁移到乌桓山的东胡人，后来称为乌桓族，迁移到鲜卑山的东胡人，后来称为鲜卑族。

之后，鲜卑继续发展分化成两个民族，以兴安岭为界，在南的称作契丹，在北的称作室韦。室韦分为南室韦、北室韦、钵室韦、深末怛室韦、大室

蒙古族游牧生活模拟场景（蜡像）

韦五部，五部又分为很多分支。其中大室韦中的一个分支，在唐朝时被称作"蒙兀室韦"，便是蒙古族的祖先，居住之地大概在额尔古纳河下游、大兴安岭以北地区。

唐朝末年，回纥人遭黠戛斯人攻击，被迫西迁，漠北空虚，蒙兀室韦人渐渐迁入漠北。一部分蒙兀室韦人分布于鄂嫩河、克鲁伦河、土拉河三条河源头的不儿罕山（今蒙古国肯特山）地区，形成了众多部族，较为著名的有乞颜、札答兰、泰赤乌、弘吉剌等部，其中成吉思汗家族便属于乞颜部。

辽朝时期，蒙古族渐渐发展壮大，金朝崛起后，忙于伐辽伐宋，更给了蒙古族发展的空间，蒙古族不断发展壮大。葛不律罕（成吉思汗曾祖父）为蒙古族联盟首领时，部从众多，已敢于和金朝抗衡，屡屡击败金朝进攻，金朝见其强大，只得封葛不律罕为"蒙兀国王"。

葛不律罕去世后，其从弟咸补海罕继汗位。咸补海罕后来被塔塔儿部的人抓住，送给金朝，金朝皇帝用木驴将咸补海罕处死，咸补海罕临死要求其子哈丹太子和葛不律罕之子忽图剌为他报仇。忽图剌继任部落联盟汗位后，率领蒙古部众，和金朝及塔塔儿部展开了多年的激烈争斗。

蒙古陶男俑

1206年

元年丙寅，帝大会诸王群臣，建九旄白旗，即皇帝位于斡难河之源，诸王群臣共上尊号曰成吉思皇帝。

——《元史·卷一·本纪第一》

铁木真称汗

铁木真之前，蒙古高原上分布许多部落，部落之间争斗不断，铁木真通过二十来年的征战，一统蒙古高原各部，将各族融合形成了蒙古族。

姓名
孛儿只斤·铁木真

尊号
成吉思汗

尊号时间
1206年春

地点
鄂嫩河源头

对手
札木合、王汗等

成就
征服克烈、乃蛮诸部，统一蒙古高原。

十三翼之战

南宋绍兴三十二年（1162年），蒙古乞颜部的也速该跟从叔父忽图剌讨伐塔塔儿部，俘虏了塔塔儿部首领铁木真兀格，恰好也速该的妻子诃额仑诞下一子，为了纪念这次战役的胜利，也速该给这个孩子起名铁木真。

铁木真9岁时，父亲也速该被塔塔儿人毒杀，蒙古泰赤乌部的首领塔儿忽台趁机分化乞颜部，乞颜部很多部众都投奔了泰赤乌部。塔儿忽台又囚禁铁木真，幸亏泰赤乌部有人搭救，铁木真才得以逃脱，但乞颜部从此衰落。

为了复兴乞颜部，击败泰赤乌部，铁木真投靠了克烈部的首领脱里，脱里是铁木真父亲也速该的安达（蒙古语，结义兄弟之意），铁木真尊脱里为父，开始收集旧部，积蓄力量，为复兴乞颜部做准备。

元太祖真像
元太祖成吉思汗（1162年—1227年），孛儿只斤氏，名铁木真，大蒙古国第一位君主，杰出的蒙古族军事家和政治家。后建大蒙古国于漠北，即大汗位，被尊称为"成吉思汗"。

成吉思汗登基大典
内蒙古博物院内成吉思汗登基大典的模拟场景。南宋开禧二年（1206年）春天，蒙古贵族们在斡难河（今鄂嫩河）源头召开大会，诸王和群臣为铁木真上尊号"成吉思汗"，正式登基成为大蒙古国皇帝（蒙古帝国大汗），这是蒙古帝国的开始。成吉思汗遂颁布了《成吉思汗法典》，是世界上第一套应用范围最广泛的成文法典，建立了一套以贵族民主为基础的蒙古贵族共和政体制度。

铁木真18岁时，蔑儿乞部来袭，掳走了铁木真的妻子和家人，铁木真在安达札木合（札只剌部首领）以及脱里的帮助下，击败蔑儿乞部，夺回了妻子和家人，并且俘虏甚众。铁木真一战成名，部落渐渐强大，原先出走的乞颜部部众也纷纷回来，重新归附铁木真，并且推举铁木真为乞颜部可汗。

铁木真称汗后，原本和铁木真结为安达的札只剌部首领札木合同铁木真的关系恶化，他联合泰赤乌部起兵3万，进攻铁木真。铁木真将自己的军队分成十三翼进行抵抗，第一翼和第二翼是铁木真和母亲诃额仑的族人和部属，第三翼到第十一翼是乞颜部各家贵族率领的族人和部属，第十二翼和第十三翼是和铁木真联盟的部落军队，十三翼总人数也达到了3万。双方在大草原上进行决战，最终铁木真交战不利，率领军队退到鄂嫩河狭窄之地。札木合虽然取得了胜利，但他为人残暴，将俘虏用70口大锅煮杀，引起了各部不满，各部纷纷归附铁木真，铁木真虽然战败，部族却越来越壮大。

统一诸部

当时蒙古高原上除了蒙古部落，还有其他几个强大的部落。塔塔儿部，主要分布于呼伦湖、贝尔湖附近。塔塔儿部人数众多，部落强大，经常和蒙古部互相攻杀。克烈部，即成吉思汗父亲

少年中国史

古代蒙古人骑射图
古代蒙古人以狩猎和放牧为生,所以蒙古人从小就学习骑马和射猎。"其骑射则孩时绳束以板,络之马上,随母出入。三岁,以索维之鞍,俾手有所执,从众驰骋。四、五岁挟小弓短矢,及其长也,四时业田猎。"所以古代蒙古成年男子基本上人人都是善于骑射的英雄健儿,也是天然的战士。

也速该的安达脱里的部落,主要分布于土拉河、鄂尔浑河、杭爱山一带。乃蛮部,分布于阿尔泰山周围的草原上。蔑儿乞部,分布于色楞格河、鄂尔浑河下游一带,蔑儿乞部因与蒙古部和克烈部相临,所以经常和这两个部落发生冲突。斡亦剌部,分布于叶尼塞河上游乌鲁克姆河和库苏古尔泊一带。汪古部,分布于阴山之北,因和金朝接壤,同金朝关系密切。

金明昌七年(1196年),塔塔儿部叛金,金章宗派丞相完颜襄率兵讨伐,铁木真劝脱里率领克烈部军队协助金朝征讨塔塔儿部,于是脱里和铁木真一起率领军队出征,大破塔塔儿部,俘获塔塔儿部首领以及车马粮饷。金朝以协助征讨叛乱之功,封脱里为王,从此脱里被人称作王汗。铁木真也因功被封札兀惕忽里(金朝所封官名,真正含义众说纷纭,大概为部落统帅之意)。

南宋庆元六年(1200年),铁木真与王汗联军进攻泰赤乌部,败之鄂嫩河北,杀死了泰赤乌部的首领塔儿忽台。接着,铁木真又进攻主儿乞、合答斤、散只兀、朵儿边等部,击败各部,渐渐吞并各部。铁木真的崛起,引起草原各部的恐慌,合答斤、塔塔儿、泰赤乌各部联合起来,共推札只剌部首领札木合为古儿汗(众汗之汗),合兵进攻铁木真。铁木真闻讯,和克烈部王汗率领军队迎战,双方于海拉尔河展开激战,札木合战败被俘,铁木真不忍杀死儿时的安达,便将札木合放掉,札木合投降王汗。

内蒙古鄂尔多斯成吉思汗陵
主体由三个蒙古包式的宫殿一字排开构成,三个殿之间有走廊连接。

多年来，王汗一直和铁木真并肩作战，扫平了蒙古诸部，但是随着铁木真的不断强大，王汗开始担心铁木真会吞并自己的部落。札木合等人也劝王汗除掉铁木真，王汗心意乃决，谋划杀死铁木真的计划。结果消息泄露，铁木真得知，急忙召集军队，王汗也召集军队，双方交战，成吉思汗战败，士卒死伤得仅剩4600人，退往克鲁伦河下游。成吉思汗站在混浊的河水边，和军士们立下誓言："使我克定大业，当与诸人同甘苦，苟渝此言，有如河水。"

王汗自从击败铁木真后，骄傲轻敌，札木合密谋杀害王汗，被王汗发觉，札木合逃往乃蛮部，投靠乃蛮部首领太阳汗。铁木真则养精蓄锐，修整军队，于南宋嘉泰三年（1203年）秋，率兵袭击了王汗的金帐。双方经过三天三夜恶战，王汗战败，逃往乃蛮部，路上被乃蛮部边将所杀，铁木真又吞并了克烈部。

一代天骄

铁木真吞并克烈部后，蒙古高原上能与蒙古部争雄的只剩下西方的乃蛮部了。札木合以及克烈部、蔑儿乞部中不愿意附从铁木真的贵族，纷纷逃往乃蛮部，希望利用乃蛮部首领太阳汗的实力，击败铁木真。太阳汗见来投靠的军队众多，自恃强大，不把铁木真放在眼里，率军进攻铁木真。铁木真得到消息，率军与太阳汗的军队交战于纳忽昆山，乃蛮部联军不堪一击，一战即败，太阳汗被擒杀，札木合逃走，不久被部下抓住，送给铁木真，铁木真将他处死，太阳汗之子屈出律逃往西辽，乃蛮部也被铁木真征服。

南宋开禧二年（1206年）春，铁木真在鄂嫩河源头举行大会，诸王及群臣上尊号"成吉思汗"，成吉思汗以本部落族号建立了大蒙古国。

1219年—1231年

秋，帝攻班勒纥等城，皇子术赤、察合台、窝阔台分攻玉龙杰赤等城，下之。

——《元史·卷一·本纪第一》

西征花剌子模

成吉思汗寻求与中亚进行贸易交往失败后，开始选择武力征服。他经过5年征战，几乎全部占领花剌子模，使蒙古帝国的势力直达里海，这次西征，促进了中西方文化的交流，也促进了民族融合，但也给中亚地区带来了血和泪。

西征时间
1219年—1224年

蒙古君主
成吉思汗

蒙古将领
术赤、察合台、窝阔台、拖雷等

花剌子模君主
阿拉丁、札兰丁

主要城市
撒马尔罕、玉龙杰赤、讹答剌

花剌子模灭亡时间
1231年

大蒙古国建立之后，先攻灭西辽，之后多次击败西夏、金朝，疆域越来越大，西边已和中亚强国花剌子模相接。南宋嘉定十一年（1218年），成吉思汗派遣了一支由400多人组成的商队前往花剌子模，希望和花剌子模展开贸易。不料商队到达花剌子模边城讹答剌（今哈萨克斯坦奇姆肯特市锡尔河中游）时，讹答剌总督洗劫了蒙古人的商队，并且将蒙古商人都杀死了。成吉思汗得知后，派遣3名使者出使花剌子模，质问花剌子模君主阿拉丁·穆罕默德。阿拉丁不但不惩罚讹答剌总督，反而将成吉思汗派来的使者，杀死1人，另外2人剃光胡须，驱逐出境。阿拉丁的行为激怒了一代天骄成吉思汗。

第二年夏，成吉思汗将伐金之事交给大将木华黎，亲率20万大军西征花剌子模。蒙古军兵分四路，一路由成吉思汗次子察合台、三子窝阔台率领，攻击花剌子模边城讹答剌；二路由成吉思汗长子术赤率领，攻击毡的（今哈萨克斯坦克孜勒奥尔达）；三路

花剌子模银碗
碗底刻画了一位全副武装的长有四只手臂的女神坐在一只狮子身上。现藏于大英博物馆。

由阿剌黑那颜率领，攻锡尔河北岸一带城市；四路由成吉思汗与四子拖雷统中军，越过沙漠，直趋不花剌（今乌兹别克斯坦布哈拉）。

嘉定十三年（1220年）二月，成吉思汗攻陷不花剌，察合台、窝阔台也攻陷了讹答剌，抓住了杀蒙古商人的总督，用水银灌口，将讹答剌总督杀死。三月，蒙古军攻陷撒马尔罕（今乌兹别克斯坦撒马尔罕），成吉思汗派速不台、哲别追击花剌子模君主阿拉丁。阿拉丁见城池接连丢失，蒙古大军渐渐逼近，急忙西逃，一直逃到里海的一个小岛上，后来病死于该岛，临死传位给儿子札兰丁。

术赤、察合台、窝阔台合兵后，成吉思汗令三子攻打玉龙杰赤（今土库曼斯坦库尼亚—乌尔根奇）。经过数个月激战，蒙古军于第二年攻陷玉龙杰赤，对玉龙杰赤展开了屠杀。

阿拉丁之子札兰丁从里海返回以后，召集军队，得10万人，在八鲁湾川击败了失吉忽秃忽率领的3万蒙古军。这是蒙古西征花剌子模后的第一次大败，成吉思汗对札兰丁的英勇也赞叹不已。成吉思汗会集各路蒙古军，越过兴都库什山，进攻札兰丁。札兰丁因军队内部不和，部将争权离散，不敢与蒙古军交锋，退到印度河一带。十一月，成吉思汗率领大军追上札兰丁，将其包围，激战过后，札兰丁战败逃亡，军队丧失殆尽。嘉定十七年（1224年），蒙古军班师东返。

蒙古退军后，札兰丁自印度返回，从阿巴斯王朝借兵，再次夺回了一些地区，势力复振。但是札兰丁穷兵黩武，和中亚其他势力发生冲突，互相争战，又吞并他国，引起中亚伊斯兰诸国不满。1228年，成吉思汗次子察合台率军进攻札兰丁，札兰丁战败，单骑逃亡。1231年，蒙古窝阔台汗令拔都再征札兰丁，札兰丁又败，逃到山中后被杀，花剌子模国灭亡。

铜雕《征》
成吉思汗与其二弟哈撒儿、四骏（拨斡儿出、木华黎、拨罗忽勒、赤老温）、四獒（忽必来、者勒篾、哲别、速别勒台）的骑马出征像，他们目光坚定、神情坚毅，为完成丰功伟业而团结拼搏。现位于内蒙古呼伦贝尔市海拉尔成吉思汗广场。

少年中国史

▶ 1229年

元年己丑夏,至忽鲁班雪不只之地,皇弟拖雷来见。秋八月己未,诸王百官大会于怯绿连河曲雕阿兰之地,以太祖遗诏即皇帝位于库铁乌阿剌里。

——《元史·卷二·本纪第二》

汗位之争

成吉思汗去世后,蒙古帝国面临新一轮的权力交替,最终选汗结果符合成吉思汗遗愿,他的第三个儿子窝阔台成为蒙古新的大汗。

选汗时间
1229年

地点
怯绿连河畔

术赤
早逝,未参与选汗

察合台
支持窝阔台

窝阔台
成吉思汗遗命的汗位继承人,最终成为大汗

拖雷
手握蒙古大部分军队,监国,最终未能成为大汗

成吉思汗的正宫皇后孛儿帖先后为成吉思汗生下4个儿子,长子术赤,次子察合台,三子窝阔台,幼子拖雷。长子术赤虽为成吉思汗亲生,但因当年蔑儿乞部掠走孛儿帖时,孛儿帖已怀有身孕,后来成吉思汗夺回来孛儿帖,孛儿帖才生下的术赤,所以术赤的血统饱受质疑。因将来汗位的继承问题,察合台和术赤的关系一向不好,成吉思汗西征花剌子模,令术赤和察合台两人攻打玉龙杰赤时,两人便因为不和,各自为战,导致蒙古军遭受很大损失,后来成吉思汗派窝阔台指挥,才攻破玉龙杰赤。成吉思汗的三子窝阔台性格持重,倒不失为一个很好的继承人。最小的儿子拖雷颇得成吉思汗欢心,是成吉思汗最喜欢的一个儿子,经常跟随在成吉思汗身边。成吉思汗西征前,也遂皇后请成吉思汗在4个嫡子中选择一个做继承人,术赤和察合台不和,互不相让,最后共推窝阔台为继承人。

南宋宝庆三年(1227年),成吉思汗在征西夏时因病去

元太宗窝阔台

世，临死立下遗嘱，让窝阔台做汗位继承人。根据蒙古族幼子继承父业制，成吉思汗将大部分军队和牲畜都交给了幼子拖雷，让拖雷监国。由于蒙古采用部落议会选汗制度，所以虽有成吉思汗遗命，窝阔台仍不能继任大汗之位，还要等蒙古众王公大臣召开大会确认后才能上任。南宋绍定二年（1229年），拖雷在怯绿连河畔召集蒙古王公大臣，举行忽里台大会（蒙古王公大臣选汗大会），推举新的大汗。因成吉思汗长子术赤已于成吉思汗去世之前离世，所以参与选汗的嫡子只剩下察合台、窝阔台和拖雷3人，拖雷掌握着蒙古大部分军队且态度暧昧，所以大汗之位许多天都不能确定下来。察合台同窝阔台关系好，且并无什么选汗优势，所以全力支持窝阔台，最后，拖雷不得不拥护窝阔台成为新的大汗。

术赤塑像
术赤（1178—1225），成吉思汗长子，多次随成吉思汗或奉命令出征，英勇猛悍，战果丰硕。后为钦察汗国的创立者。

蒙古大汗帐幕中的拖雷
拖雷（1193年—1232年），成吉思汗第四子，成吉思汗生前分封皇子，留拖雷在身边，继承斡难河和怯绿连河的斡耳朵、牧地及军队。成吉思汗死后，窝阔台继位，拖雷监国。谥号景襄皇帝，庙号睿宗。

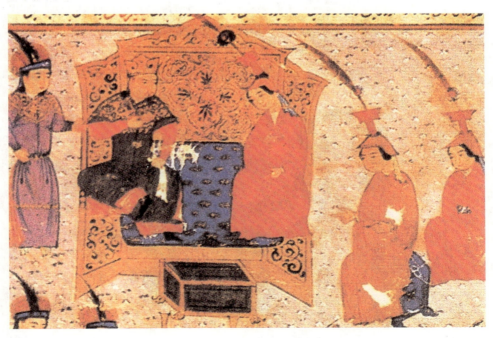

> **1271年**

乙亥，刘秉忠及王磐、徒单公履等言："元正、朝会、圣节、诏敕及百官宣敕，具公服迎拜行礼。"从之。禁行金《泰和律》。建国号曰大元。

——《元史·卷七·本纪第七》

忽必烈建元

忽必烈是蒙古承前启后的君主，他之前的蒙古历代大汗只热衷于掳掠和杀戮，所过之地，皆为之残破。忽必烈继位后，攻灭南宋统一中国，不得不考虑建设国家的问题。推行儒学、建立制度，使得蒙古顺利过渡到了元朝。

国号来源
《易经》中"大哉乾元"

建立者
元世祖忽必烈

时间
1271年

民族
蒙古、汉、女真、畏兀儿、回等

宗教
佛教、道教、伊斯兰教等

政策成就
灭宋，统一全国；创行省制；推行儒学

兄弟争位

南宋开庆元年（1259年）八月，蒙古大汗蒙哥在征南宋合州（今合州）钓鱼城时病逝（另一种说法是被宋军弓箭射死）。此时，蒙哥四弟忽必烈正在率兵攻打湖北鄂州，忽必烈异母弟末哥从四川赶来，同时带来蒙哥去世的消息，让忽必烈率兵北返，继承汗位。忽必烈不愿意无功而返，继续攻打鄂州，由于宋军顽强抵抗，蒙古军两个月未能攻下鄂州。十一月，忽必烈妻察必派遣使者从和林（大蒙古国首都，今蒙古国前杭爱省西北）带消息到忽必烈军中，说忽必烈弟阿里不哥及亲信阿蓝答儿、脱里赤正在调兵遣将，准备夺取汗位，劝忽必烈速返。恰好南宋右丞相贾似道遣使求和，忽必烈与南宋议和后，率军北返。

忽必烈到达燕京（今北京）后，并不急着返回，而是在燕京驻扎了三个月。阿里不哥不

元世宗忽必烈像

断派使者召忽必烈回草原，希望先将忽必烈和他的军队分离，然后将其控制，再称大汗。忽必烈也知道阿里不哥的图谋，自己若是回到草原，只能任人宰割。开庆二年（1260年）三月，忽必烈先发制人，拘禁阿里不哥派往燕京的心腹脱离赤，在燕京附近的开平宣布继承汗位，宗室诸王塔察儿（成吉思汗幼弟之孙）、移相哥、忽剌忽儿、合丹（窝阔台子）、阿只吉（察合台曾孙）等人都拥护忽必烈继位。

阿里不哥得知忽必烈称大汗，也于四月召集留守漠北的诸王，举行大会，阿鲁忽（察合台孙）、睹尔赤（窝阔台孙）、海都（窝阔台孙）、忽里迷失（术赤孙）、阿速台（蒙哥子）等人拥护阿里不哥为大汗。一时间，大蒙古国出现了两个大汗并存的局面，昔日的亲兄弟为了汗位将要拼个你死我活。

五年内战

忽必烈调兵遣将，以7000人防守延安，以汪良臣统领陕西汉军守卫黄河，防备已经投靠阿里不哥的蒙将浑都海，以3万人守卫燕京，令京兆、四川宣抚使廉希宪前往

《皇帝登宝位诏》元刊本之影印本

元世祖忽必烈在庚申年（1260年）农历四月发布的汉文《皇帝登宝位诏》，在即位诏书中，忽必烈自称为"朕"，称他的哥哥大蒙古国第四任大汗蒙哥为"先皇"。此即位诏书节选自元英宗时期元朝官修政书《大元圣政国朝典章》（简称《元典章》），现藏于中国台北"故宫博物院"。

平定拥护阿里不哥的刘太平、霍鲁海等人。阿里不哥方面也为争夺汗位积极准备，开庆二年（1260年）秋，阿里不哥派两路大军进讨忽必烈，东路军由旭烈兀（拖雷子，伊利汗国的建立者）子药木忽儿、术赤后王合剌察儿率领，从和林进兵；西路军由阿兰答儿率领，进攻六盘山，意图和四川的蒙古军会合。

察必皇后

察必皇后（约1227年—1281年），弘吉剌氏，是元世祖忽必烈的皇后（第一继室），生四子，分别为长子朵儿只、次子太子真金、三子安西王忙哥剌、四子归定王那木罕。是忽必烈妻子当中唯一在太庙中立有牌位的女人，与忽必烈感情深厚。

忽必烈亲率大军迎战阿里不哥的东路军，移相哥、纳林合丹为前锋，击溃药木忽儿、合剌察儿的军队。廉希宪也捕杀了刘太平、霍鲁海等人，浑都海知道京兆（今西安）有备，于是西渡黄河，赶往甘州（今甘肃张掖），然后北返，和阿兰答儿合兵，再次进攻忽必烈军。忽必烈派合丹、哈必赤、汪良臣、巴春等人接战，适逢大风沙，巴春正面迎战，汪良臣攻阿兰答儿左翼，合丹率领精骑截断敌方归路，最终大破阿兰答儿军，阿兰答儿、浑都海都战死。

阿里不哥见两路军皆败，逃出和林，向忽必烈求和。忽必烈让移相哥留守和林，自率大军返回开平。

蒙古中统二年（1261年），阿里不哥向移相哥诈称归降，移相哥不设防备，被阿里不哥袭击，和林失守。忽必烈闻讯，再率大军征讨阿里不哥。阿里不哥战败逃走，整兵再战，又败，忽必烈收复和林。察合台汗国的阿鲁忽原本支持阿里不哥，但是不满意阿里不哥的颐指气使，背叛阿里不哥。阿里不哥率兵与阿鲁忽交战，将其击败后，驻扎在阿力麻里（今新疆霍城县）。至元元年（1264年），阿力麻里大饥，人心涣散，阿里不哥迫不得已，向忽必烈投降，长达5年的汗位之争终于结束。

建元灭宋

至元八年（1271年），忽必烈根据大臣刘秉忠的建议，将蒙古国号改为"大元"，取《易经》"大哉乾元"之意。次年，忽必烈迁都燕京，改燕京为大都。

忽必烈消除了阿里不哥的内患后，继续对奸臣当道、软弱腐败的南宋用兵。南宋降将刘整认为"无襄则无淮，无淮则江南唾手可下"，劝忽必烈先取襄阳。忽必烈采纳了他的建议，改变了原来蒙哥先攻四川的策略，集重兵进攻襄阳。

至元五年（1268年），忽必烈派阿术、刘整率军攻南宋襄阳。次年，忽必烈再派史天泽助攻襄阳。南宋先后遣李庭芝、张顺、张贵等人救援襄阳，都被元军击败。经过六年围攻，襄阳终于被攻破，宋将吕文焕出降。

襄阳被攻破后，南宋失去屏障，忽必烈令伯颜、阿术等人为主力，率军20万，从襄阳出发，由汉水进入长江，直奔南宋都城临安；合丹、刘整率兵入淮，牵制宋军，配合

元·毗卢遮那佛面板画

伯颜的主力。

经过几年征战，至元十三年（1276年）正月，元军会集临安城外。宋臣张世杰、文天祥等人请求背城一战，宋太皇太后谢氏不允，丞相陈宜中遁逃，最后，谢氏求和不成，与宋恭帝赵㬎（xiǎn）率领百官投降元朝。张世杰率领部下出走，继续抗元。宋度宗之子益王赵昰（shì）、广王赵昺（bǐng）在宋臣的保护下，逃往福建。元军一路追击，张世杰、陈宜中等人奉赵昰、赵昺逃往广州，赵昰于路途中病死。至元十六年（1279年），元军与宋军战于厓山（位于今广东江门），宋军大败，陆秀夫背负幼帝赵昺投海自尽，10万军民一同跳海殉国，南宋亡。

建立行省

忽必烈继位后，按照汉人的制度，以中书省为全国最高行政机构，地方上设置了十路（道）宣抚使。但是宣抚使只能监督和处理地方政务，无权处理地方军务，因此忽必烈又在全国设置了中书省的派出机构，称作行中书省，简称行省，管理地方上的钱粮、军政、漕运等事务。

除大都所在的腹里地区（今河北、山东、山西以及河南、内蒙古部分地区）由中书省直接管辖，吐蕃由宣政院管理外，全国共设10个行省，分别是陕西行省、辽阳行省、甘肃行省、河南江北行省、四川行省、云南行

元·刘贯道·元世祖出猎图
此图绘元世祖于深秋初冬之时率随从出猎的情景。画面上，远处载物的驼队正缓缓而行。近处人骑数众，或张弓射雁，或手架猎鹰，或绳携猎豹，皆为马上行猎之状。其中骑黑马穿白裘的，应为元世祖，与元世祖并驾的妇女，或为皇后。现藏于中国台北"故宫博物院"。

省、湖广行省、江浙行省、江西行省、岭北行省。

起初，行省只是中书省派出机构，但后来行省变成了地方最高行政机构，行省下又分路（道）、府、州、县4级。元朝的行省制是一大创举，之后行省（或简称"省"）便成为地方最高行政机构的称呼，一直沿用至今。

提倡儒学

忽必烈之前的蒙古历代大汗，都

是崇尚武力征服，恃强而为，对汉地只是一味地克剥掠夺，对汉制儒法持保守态度。忽必烈却和前任大汗们不一样，他好儒术，喜衣冠，重用汉人儒士，所以颇得汉人之心，他的身边聚集了一批儒士幕僚，如刘秉忠、郝经、姚枢等人。

忽必烈继位后，将国号从大蒙古国改为大元，而"大元"便是出自儒家经典《易经》。他效仿汉制，建立了一套大元的政治机构，又恢复科举考试，选拔人才。治国方面，忽必烈也依照儒家思想来治理国家，他重用刘秉忠，建立了一系列的政治体制、典章制度，又依据《周礼·考工记》，修建元大都。忽必烈之前，蒙古军习惯于掳掠和屠杀，儒士郝经提出的轻徭薄赋、偃兵息民等主张被忽必烈采用，忽必烈在征宋时候，告诉蒙古军主将伯颜要以宋将曹彬（宋朝开国名将，以不滥杀著称）为榜样，不要滥杀无辜，伯颜后来果然一改蒙古军嗜杀的习惯，没有进行滥杀。

忽必烈是蒙古君主中第一个接受和推行汉文化、儒学的统治者。

民族宗教

忽必烈在位期间，虽然诸汗国形式上已经独立，但是元朝疆域仍是十分广阔，境内有蒙古、汉、畏兀儿、女真、回等众多民族，各民族的宗教信仰也各种各样。元朝众民族中，蒙古人的地位最高；色目人的地位次之，色目人包含畏兀儿、回、钦察等西域人种；汉人地位又次之，元朝所划分的汉人是指淮河以北原金朝境内的汉族、女真族、契丹族、渤海人、高丽人，以及四川、云南人；地位最低的是南人，指原南宋人（不含四川）。

元朝对各宗教都采取宽容自有的态度，所以佛教、道教、伊斯兰教都得到了很大的传播和发展，甚至基督教在元朝也有不少信仰者。

元代西北疆域沿革图

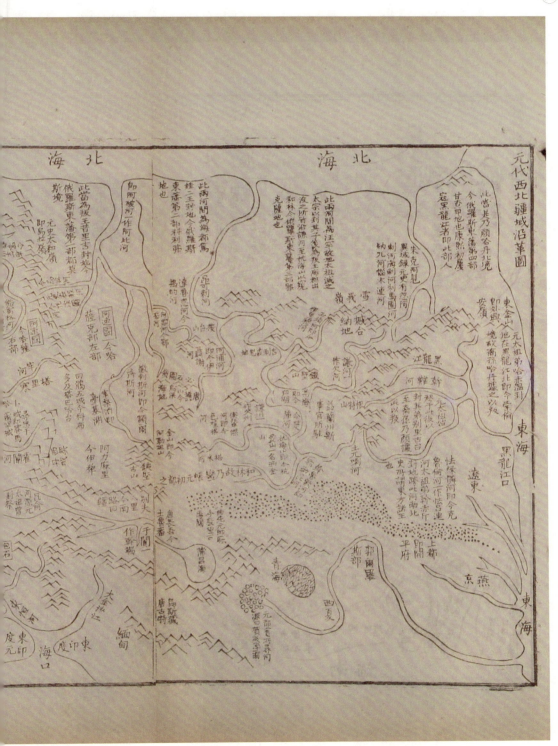

1235年—1280年

中统元年，世祖即位，尊为国师，授以玉印。命制蒙古新字，字成上之。其字仅千余，其母凡四十有一。

——《元史·卷二百二·列传第八十九》

帝师八思巴

元朝以和平方式统一西藏，八思巴功不可没，他为元朝的稳定、民族的交流做出了贡献，并且创建了蒙古新字，对文化的发展也有着不可磨灭的功劳。

姓名
八思巴

出生地
西藏萨迦

身份
第七世萨迦法王；帝师

教派
藏传佛教萨迦派（俗称花教）

成就
发扬藏传佛教；创制蒙古新字

八思巴（1235年—1280年），出生于乌斯藏（西藏）萨斯迦（今西藏萨迦县），其家族为著名的昆氏家族。八思巴的父亲是索南坚赞，伯父是藏传佛教萨迦派首领萨迦班智达·贡噶坚赞。

南宋淳祐四年（1244年），镇守凉州（今甘肃武威）的阔端（窝阔台之子，受封西夏故地）遣使至乌斯藏，邀请萨迦派首领萨迦班智达到凉州商谈吐蕃的归属问题。萨迦班智达接受了阔端的邀请，带着侄儿八思巴前往凉州。到达后，萨迦班智达同阔端展开谈判，史称凉州会谈。最终会谈圆满成功，乌斯藏正式归附蒙古，成为大蒙古国的一部分。阔端邀请萨迦班智达留下来讲授佛法，萨迦班智达答应了阔端的要求，留居凉

元·八思巴文木活字
八思巴文是蒙古元朝忽必烈时，由国师八思巴根据当时的吐蕃文字而制定的一种文字，用以取代标音不够准确的蒙古文字。

州。八思巴也都跟着伯父留了下来，跟随伯父学习佛法。

淳祐十一年（1251年），萨迦班智达在凉州圆寂，八思巴成为萨迦派新一代首领。三年后，八思巴与率军出征的忽必烈相会于六盘山，忽必烈非常高兴，与妻子子女以拜见上师的礼节会见八思巴，并且接受了佛教灌顶。

蒙古对待各种宗教都较为宽容，但此时道家在蒙古更受尊崇，因成吉思汗在位时，曾接见道教中全真道的掌教丘处机，给予全真道很大特权，使道家发展迅速，甚至佛教僧人也都要归道教管理，寺庙也被改为道馆，因此佛道两家争执不断。蒙古宪宗八年（1258年），佛道争执加剧，蒙古大汗蒙哥令忽必烈在开平主持佛道辩论大会，佛教方以少林寺为首，道教方以全真道为首，双方展开激烈辩论，八思巴也代表佛教方出席辩论大会，并且在大会中展示了自己的雄辩才能。最终佛教在辩论大会中获胜，参与辩论大会的17名道士都被削发为僧，《老子化胡经》等伪经都被烧毁，从此，道教开始走下坡路，佛教得到蒙古尊崇。

忽必烈继承汗位后，立刻封八思

元忽必烈圣旨铁牌
铁牌上镶银字，由八思巴文书写，现藏美国纽约大都会艺术博物馆。

巴为国师，授以玉印，令掌管天下教派。

至元元年（1264年）夏，八思巴返回西藏，对萨迦寺进行修缮，新造佛像、灵塔，用金汁书写大藏经《甘珠尔》200多部，并且拜访多位名师，向他们学习佛法，增广见闻。八思巴在西藏期间，受元世祖忽必烈之命，创造了一种新的文字，这种文字有41个字母，是依照藏文字母创建，读音则按照蒙语，称之为蒙古新字，或八思巴字。

至元六年（1269年），八思巴返回大都，向忽必烈进献创建的蒙古新字，忽必烈非常高兴，下诏颁行天下，要求以后诏书及公文都要使用蒙古新字，旁边另附汉文或者其他文字。次年，忽必烈封八思巴为大宝法王、大元帝师，再赐玉印。

至元十三年（1276年），八思巴在太子真金的护送下，回到西藏萨迦，帝师一职由八思巴的弟弟亦怜真接任。从此帝师制度为元朝历代皇帝沿袭，帝师一职由萨迦派代代相传。终元一代，萨迦派一直在西藏占统治地位。

至元十七年（1280年），八思巴在西藏圆寂，终年46岁。

13世纪下半期—14世纪上半期

孟頫所著，有《尚书注》，有《琴原》《乐原》，得律吕不传之妙。诗文清邃奇逸，读之使人有飘飘出尘之想。篆、籀、分、隶、真、行、草书，无不冠绝古今，遂以书名天下。天竺有僧，数万里来求其书归，国中宝之。其画山水、木石、花竹、人马，尤精致。

——《元史·卷一百七十二·列传第五十九》

"元人冠冕"赵孟頫

赵孟頫是元代文化集大成者，他在诗文、书法、绘画等方面都取得了非凡的成就，冠绝一代，无人能及。除此之外，他甚至在经济、律吕、鉴赏等方面也都精通，可谓是少有的全才。

主角
赵孟頫

出生地
浙江湖州

时代
宋末元初

仕官
翰林学士承旨、荣禄大夫

家世
赵匡胤后人

成就
书法家、画家、诗人

赵孟頫像
赵孟頫（1254年—1322年），字子昂，号松雪道人。浙江吴兴（今浙江湖州）人。博学多才，能诗善文，以书法和绘画成就最高，开创了元代新画风，被称为"元人冠冕"。

出仕元朝

赵孟頫，字子昂，是宋太祖之子秦王赵德芳的后代。赵孟頫自幼聪明过人，读书过目成诵，写文章提笔立就，14岁时，以父荫补官，并且通过户部选拔官员的考试，调任真州（今江苏仪征）司户参军。南宋灭亡后，赵孟頫回到家中，更加勤奋求学。

至元二十三年（1286年），行台侍御史程钜夫奉命寻访南宋的遗臣，程钜夫将赵孟頫引见给忽必烈。忽必烈见赵孟頫英气勃勃、精神焕发，仿佛神仙中人，十分高兴，让赵孟頫坐到右丞叶李之上。有人对忽必烈说赵孟頫是宋室后人，不宜在皇帝左右，忽必烈毫不在意，仍然重用赵孟頫。当时元朝刚刚设置尚书省，忽必烈让赵孟頫草拟诏书，写完之后，忽必烈看了，高兴地说："这正是朕

元·赵孟頫·人骑图卷

图画一着唐装之文官执鞭骑马，描法近铁线描，劲健细挺，画风得唐人之富丽，亦不失文人之清雅。是赵孟頫元贞二年（1296年）自大都休病返回吴兴故里后所作。现藏于北京故宫博物院。

想说的话啊。"

朝廷召集百官，商议刑法的制定，大家都认为贪赃200贯宝钞（古代发行的纸币）便要处死，只有赵孟頫认为刑法太重，因为宝钞发行后几十年，已经贬值非常多，用宝钞来决定生死不足取，应该用绢这种保值的东西来衡量。有人觉得赵孟頫年少，并且是南方来的，责备赵孟頫，认为他反对用宝钞来衡量贪赃的罪行，实质是为了反对宝钞流通。赵孟頫反驳道："刑法关系到人的生死，必须分清楚轻重，我赵孟頫奉诏商议刑法，不敢不提出来，你想以势来压人，行不通的。"那人被驳得哑口无言。忽必烈想要重用赵孟頫，结果有人从中作梗。

至元二十四年（1287年）六月，赵孟頫被授予兵部郎中，兵部负责全国驿站，当时驿站的饮食费用是以前的几十倍，官吏们无力供应，于是强取于百姓，百姓不胜骚扰。赵孟頫向中书省请求增加驿站钞币。但当时钞币不能通行，忽必烈让赵孟頫和尚书刘宣到江南，问罪行省的丞相，左右司以及诸路的官员都被鞭打。赵孟頫认为鞭打官吏有辱于士大夫，所以不曾鞭打一人，因此惹怒了丞相桑哥。

当时有个叫王虎臣的人揭发平江路总管赵全违法，忽必烈让王虎臣去查问此事。右丞叶李上奏称不应该派遣王虎臣前去，忽必烈不听。赵孟頫进言道："赵全固然有罪，但是王虎臣以前在这个地方，强买百姓田地，而且纵容宾客做坏事营利,赵全当时多次与他相争,他心怀怨恨,现在让王虎臣前去,必然会公报私仇,陷害赵全。纵然王虎臣真的查出来赵全的罪证,人们也会怀疑他有私心而不服。"忽必烈这才明白过来,于是改派他人前去。

为官忠直

丞相桑哥经常钟一响便坐到尚书省听事,六部官员去得晚的,都会被他鞭打。有一次赵孟頫去晚了,断事官(掌刑的官员)正准备抓住赵孟頫鞭打,赵孟頫突入都堂上诉,右丞叶李认为刑不应当上士大夫,这样士大夫才会知廉耻,懂节义。桑哥出面宽慰赵孟頫,从此只鞭打六部以下的官员。还有一次,赵孟頫骑马从东御墙经过,因为道路太窄,赵孟頫从马上跌下来,掉到河里,忽必烈听说后,立刻将御墙向西移了两丈多。忽必烈又听说赵孟頫家中不富裕,立刻赐给他很多钱财。

至元二十七年(1290年),赵孟頫被任命为集贤直学士。当年发生地震,北京受灾尤其严重,百姓死伤数十万人。当时忽必烈在龙虎台(今北京昌平区西),非常忧虑,派遣平章阿剌浑撒回到大都,召集贤、翰林两院的官员,询问灾难缘由。此前,丞相桑哥让忻都和王济理算全国钱粮,已经征收了很多,百姓已被搜刮得苦不堪言,活不下去了,不少人都被逼自杀,还有些人则逃入山林,变成强盗。

面对阿剌浑撒的询问,官员们畏惧桑哥的权势,都不敢谈论时政,只是泛引《经》《传》以及五行灾异的话,用"修人事""应天变"来搪塞。只有赵孟頫与阿剌浑撒的关系很好,让他上奏忽必烈,请求大赦天下,减免百姓赋税。阿剌浑撒按照赵孟頫的话上奏忽必烈,建议被忽必烈接受。阿剌浑撒草拟好诏书后,桑哥看了,勃然大怒,说这

不是皇帝的意思。赵孟頫说:"如果百姓都被逼死了,还从哪儿征收钱粮?现在不趁着诏书免除钱粮,将来若是有人把缺少几千万钱粮的责任归咎到尚书省,丞相您不是会被连累吗?"桑哥明白其中的利害,同意免除赋税的诏书下达,许多百姓因此得以生存下去。

忽必烈曾经问赵孟頫,叶李和留梦炎哪个人更优秀。赵孟頫因为留梦炎和自己的父亲是好友,所以说留梦炎更优秀。忽必烈说:"留梦炎在南宋的时候是状元,位至丞相,但是面对奸臣贾似道误国,欺君罔上,阿附贾似道。叶李当时只是一介平民,却敢于上书朝廷,斥责贾似道,所以叶李比留梦炎贤能。你因为留梦炎是你父亲的好友,不敢非议他,不过可以写诗规劝他。"于是赵孟頫写了首诗,其中有两句是"往事已非那可说,且将忠直报皇元。"忽必烈看了非常赞赏。事后,赵孟頫对忽必烈的近臣彻里说:"皇上说贾似道误国,而留梦炎不说,现在桑哥之罪大过贾似道,而我们也不说,将来怎么推卸责任?但是我是疏远之臣,和皇上说了也不会听,你读书明理,慷慨有大志,并且是皇上亲信的人,希望你可以向皇上说下,为国家除贼。"彻里听从了赵孟頫的话,在忽必

元·青花鱼藻纹罐

元·赵孟頫·浴马图
子昂该图用笔精细,色调浓润,风格清新秀丽。绘夏日奚官牵马临溪为骏马洗浴的情景。人物与马各具姿态,神态生动。人物、鞍马分别施以不同色彩,丰富浓郁而又清丽。款识:"子昂为和之作"。现藏于北京故宫博物院。

烈面前述说桑哥的罪行，忽必烈听了大怒，让卫士痛打彻里，直打得口鼻出血。但是彻里仍然不屈服，忽必烈再问他，他依旧述说桑哥的罪行，大臣们也相继说出桑哥的罪行，忽必烈最终诛杀了桑哥。

备受宠遇

桑哥被诛杀后，忽必烈撤掉尚书省，打算起用赵孟頫为中书平章政事，赵孟頫力辞不受。赵孟頫自感身处要地，久在帝侧，时间久了，自然难免会被人妒忌，所以一再请求外调，终于在至元二十九年（1292年），被调任为同知济南路总管府事。

元仁宗爱育黎拔力八达为皇太弟时便听过赵孟頫的名声，即位后，任命赵孟頫为集贤侍讲学士、中奉大夫。延祐元年（1314年），元仁宗又任命赵孟頫为翰林侍讲学士，迁集贤侍讲学士、资德大夫。延祐三年（1316年），再拜翰林学士承旨、荣禄大夫。元仁宗对赵

元·赵孟頫·闲居赋（局部）
此作无年款，但从书法上考察，应是晚年所书，为赵孟頫上乘之作。赵孟頫是以旧王孙的身份出仕，他书写《闲居赋》，实际上希望能够借助书法的力量，一定程序上调和或缓解内心的矛盾和不安。此作笔意安闲，气韵清新，通篇行楷结合，方圆兼备，体态优雅，也体现出赵氏书法艺术书卷气和富贵气。现藏于中国台北"故宫博物院"。

孟頫甚厚，称呼赵孟頫只称呼字而不呼其名。元仁宗和侍臣们谈论文学之士的时候，将赵孟頫比作唐朝的李白、宋朝的苏轼。有人从中挑拨，想要离间元仁宗和赵孟頫的关系，元仁宗起初不理睬，那人再上书说赵孟頫不应该参与编修国史，元仁宗说："赵子昂（赵孟頫字子昂）是世祖皇帝（忽必烈）选拔的重臣，朕特加优待，让他在阁馆从事著述，传之后世，你们啰唆个什么！"有段时间，赵孟頫好几个月没有进宫，元仁宗便问侍臣们怎么没看到赵孟頫。侍臣们都说赵孟頫现在上了年纪怕冷，所以没来，元仁宗立刻让御府赐给赵孟頫貂鼠皮袭。

一代冠冕

延祐六年（1319年），赵孟頫妻管夫人病发，赵孟頫力请回乡，元仁宗同意，赵孟頫得以回到家乡吴兴（今浙江湖州），管夫人于路上病逝。赵孟頫回去之后，元仁宗思念心切，派人赐予钱币和衣服，希望赵孟頫可以早日还朝。赵孟頫也身患疾病，最终没能回朝。至治二年（1322年），赵孟頫病逝，享年69岁。追封魏国公，谥文敏。

赵孟頫博学多才，不但诗文出众，对律吕也颇有研究，他成就最高的是书法和绘画。赵孟頫的篆、籀、分、隶、真、行、草书，无不冠绝古今，

元·赵孟頫·致中峰和尚札（局部）
此帖书于延祐五年（1318年），赵孟頫65岁。中峰和尚，浙江钱塘人，俗姓孙。他早年出家，后主天目山中峰狮子院，称中峰和尚，与赵孟頫交往密切。现藏于北京故宫博物院。

名闻天下，甚至有天竺僧人不远万里来到元朝，向赵孟頫求得翰墨，带回国中，视若珍宝。在绘画方面，山水、木石、花竹、人马，他无所不通，无所不精。赵孟頫的妻子管夫人也能书善画，书法与赵孟頫相似，绘画则精于墨竹、梅、兰。

1322年—1323年

己亥，以立右丞相诏天下。流民复业者，免差税三年。站户贫乏鬻卖妻子者，官赎还之。凡差役造作，先科商贾末技富实之家，以优农力。

——《元史·卷二十八·本纪第二十八》

朝廷更政

深受儒家思想影响的元英宗继位后，开始锐意改革，做出了多项有效的措施，将元朝渐渐衰落的国势重新振作，但是改革也引起保守势力的不满，元英宗与保守势力的矛盾激化时，终于诱发了后来的南坡之变。

时间
1322年—1323年

主政皇帝
元英宗

助手
拜住

内容
起用汉人；推行"津助赋役法"；制定《大元通制》；澄清吏治；取消权贵、僧人特权

受制于人

经历了元成宗和元武宗的滥赏致使国库空虚之后，元仁宗实行了大刀阔斧的革新，在位9年去世后，太皇太后答己（元仁宗母）和中书省右丞相铁木迭儿扶持元仁宗之子硕德八剌继位，是为元英宗。

元英宗自幼在崇信儒法的父亲元仁宗身边长大，本人也是非常崇信儒法，希望有朝一日可以有所作为。但是，元英宗继位后，朝廷的大权掌握在太皇太后答己和右丞相铁木迭儿手中，元英宗想要有所作为是不太容易的。

答己仗着元英宗年幼新立，自己大权在握，将自己的亲信黑驴、木巴剌、赵世荣等人都从外地调入中书省任职，并且和右丞相铁木迭儿联合起来，

元仁宗像
元仁宗爱育黎拔力八达（1285年—1320年），是元朝第四位皇帝，在位期间，减裁冗员，整顿朝政，推行"以儒治国"政策。

对反对自己的人极力打压。四川行省平章政事赵世延曾经上书弹劾过铁木迭儿,铁木迭儿有仇必报,让同党何志道给赵世延罗织罪名,诬告赵世延,将他关入狱中。元英宗下诏赦免了赵世延,铁木迭儿不甘心,不久再次罗织罪名,将赵世延重新捕入狱中,逼迫赵世延自尽,赵世延拒不认罪,在元英宗的第二次救助下,赵世延幸免于难,出居金陵,但其他人就没这么幸运了。前任中书平章政事李孟曾被封为秦国公,现虽已退居闲职,但是因为他曾经不肯依附铁木迭儿,所以铁木迭儿构陷诬谤,将李孟的爵位夺取,并且打翻李孟先人的墓碑。前御史中丞杨朵儿只、前中书省平章政事萧拜住二人都曾经上书弹劾过铁木迭儿,铁木迭儿令同党诬陷二人违背太后旨意,要杀二人。元英宗阻止他,说:"人命关天,不应该仓促杀掉,现在二人罪状未明,应该先禀告太后,等确认没有冤枉,再杀也不迟。"铁木迭儿不听,仍然将二人杀了。

有这么嚣张跋扈的臣子,元英宗想有所作为也是不可能的。其他朝臣们慑于铁木迭儿的淫威,怕被诛杀,都道路以目,钳口不敢言。

元英宗像
李儿只斤·硕德八剌(1303年—1323年),元仁宗嫡子。即位时17岁,新政后因推行新政而引起蒙古保守贵族不满,在位4年后就被刺杀而死。

初行改革

尽管受制于太皇太后答己和权臣铁木迭儿,元英宗很难有所作为,但他还是努力做了一些改革。元英宗下诏由吏入官,秩止从七品;将大都有权势的人家和平民百姓一视同仁,都需要服役;散居各地的回人取消特殊待遇,也需要和其他族百姓一样纳税,一年交银2两;之前滥赏给僧人、工匠、伶人的爵位都要收回,滥建的寺庙也取消,取消豢养野兽的费

元英宗皇后像
亦启烈·速哥八剌(?—1327年),母亲是元成宗的女儿昌国公主益里海涯。至治元年(1321年)十二月册立为皇后。

用，禁止僧人使用驰驿；禁止进献珠宝；裁汰冗员，大批官僚机构被降低品秩，或者撤销；增加两淮、荆湖、江南东西道的田赋，以增加国家收入。

但是由于答己和铁木迭儿的影响，元英宗的一些改革并没有取得实质性的效果，只是流于形式。

至治新政

至治二年（1322年），权臣铁木迭儿和太皇太后答己先后去世，这两个主要反对人物的去世，给元英宗实施新政提供了机会和条件，元英宗的压力大减，开始大刀阔斧地进行改革。答己去世的次月，元英宗就任命好儒学、通汉族礼仪的拜住（蒙古开国功臣木华黎之后，名相安童之孙）为中书省右丞相，让这个和自己有共同志向的大臣坐上了铁木迭儿以前的职位，君臣同心，开始改革。为了表示对拜住的信任和给予足够的权力，元英宗不设置中书省左丞相。次年五月，元英宗又任命铁失为御史大夫，也给予足够的权力，让铁失掌管亲军。

元英宗新政的主要内容有：一、大量起用汉臣和士人，张珪、王结、王约、吴澄等人都被加官重用，其中张珪是元初功臣张弘范之子，王约是元仁宗朝的老臣，已经71岁，致仕在家，元英宗仍将他请出做官，负责制定律令。

二、推行"津助赋役法"，即在各地确定一部分田亩，由承担差役的人负责经营，用这部分土地的收入补贴应役带来的负担和损失。

三、制定法典，至治三年（1323年），元英宗诏令朝臣们听读审议元仁宗时朝廷的规则和条例，并将延祐二年（1315年）新颁布的规则和条例也加进去，最终编成一部法典，取名《大元通制》，颁行天下。

四、打击清除答己和铁木迭儿余党，澄清吏治。答己和铁木迭儿在世时，一再进行掣肘，使元英宗不能得志，现在他们两个人虽然已经去世了，但是他们的余党还在，元英宗对他们的余党展开打击。答己死后仅两个月，元英宗就下令将元世祖（忽必烈）之后设置的冗官全部罢免，徽政院也撤掉，又下令重查刘夔献田贪污案，诛杀铁木迭儿之子八里吉思、刘夔，剥夺铁木迭儿生前爵位，将铁木迭儿父祖墓碑打翻，将铁木迭儿的另一个儿子锁南也免官。

元英宗的新政触动了蒙古保守贵族的利益，引起了他们的不满，元英宗对铁木迭儿余党的打击，也引起了他们的恐慌。至治三年（1323年）八月，趁元英宗、拜住自上都（今内蒙古锡林郭勒盟正蓝旗东）北返大都（今北京），途中驻营于南坡店（上都西南三十里）时，铁木迭儿的义子铁失带人杀害了英宗，史称"南坡之变"。

元·缂丝大威德金刚曼荼罗
该唐卡是以大威德金刚为本尊的曼荼罗，为密宗修行时供奉之画，其中院、外院布列诸天，下缘左右端各织出两身供养人。现藏于美国纽约大都会艺术博物馆。

1341年—1345年

至正元年，遂命脱脱为中书右丞相、录军国重事，诏天下。脱脱乃悉更伯颜旧政，复科举取士法，复行太庙四时祭，雪郯王彻彻秃之冤，召还宣让、威顺二王，使居旧藩，以阿鲁图正亲王之位，开马禁，减盐额，蠲负逋，又开经筵，遴选儒臣以劝讲，而脱脱实领经筵事。中外翕然称为贤相。

——《元史·卷一百三十八·列传第二十五》

脱脱更化

脱脱是元末名相，在大元动荡不安之际，实行新政，力图振兴元朝，但大厦将倾，独木难支，他的新政虽然取得一些成效，终究难以挽救颓势。

时间
1341年—1345年

实行者
中书右丞相脱脱

皇帝
元惠宗（元顺帝）

原因
元末政治腐败，社会矛盾激化，朝局不稳

主要内容
恢复科举；平反冤案；推行儒学；减少百姓负担；修撰辽金宋史

结果
取得一些成效，但政治已普遍腐败，外加天灾不断，未能挽救元朝

元·至正通宝折三
至正通宝是元惠宗至正年间铸行的钱币，正面汉字，背面用蒙文地支纪年。

权臣当朝

至顺四年（1333年），元明宗之子妥懽贴睦尔即位，是为元惠宗（明朝进其号为天顺皇帝），元惠宗时期的元朝已是风雨飘摇，官吏腐败，赋税沉重，财政亏空，社会矛盾严重，各种问题层出不穷。而权臣伯颜大权独揽，更使元朝的统治动荡不安。

伯颜是当初和燕铁木儿一起拥护元文宗即位的功臣，燕铁木儿去世后，伯颜权势熏天，无人能与之抗衡，他独揽朝政，实行了一系列乱政，导致元朝统治更加不稳。其乱政主要有：一、排斥南人、汉人。禁止南人、汉人学习蒙古文、色目文，从中央到地方，都使用蒙古人、色目人当政，取消科举考试，使汉人没法通过科举

进入仕途。南人和汉人不准私藏兵器，甚至连农民都不准用禾叉，目的是防止汉人、南人造反。他还荒唐地建议元惠宗将汉人中张、王、刘、李、赵五大姓的人全部杀死，元惠宗不从，最后才作罢。二、排除异己。郯王彻彻秃地位尊贵，家世显赫（蒙哥曾孙），伯颜想让儿子娶郯王彻彻秃之女，郯王彻彻秃不同意，于是伯颜怀恨在心，诬陷郯王彻彻秃谋反，逮捕入狱，想要杀掉他。元惠宗不准他杀郯王彻彻秃，伯颜竟然不听诏令，擅自做主，将郯王彻彻秃处死。伯颜又假传圣旨，将不依附自己的官员也处死。三、滥发纸币，大肆敛财，将朝廷府库的钞帛当作自己的私人财产，想拿就拿。

伯颜倒行逆施，为所欲为，进一步激化了社会矛盾，全国各地的百姓纷纷起来造反。伯颜的行为引起了元惠宗的不满，甚至引起了他亲侄儿脱脱的不安，恐怕将来有一天因为伯颜擅权，家族遭到族灭。

大义灭亲

脱脱和自己的父亲马札儿台（伯颜弟）商议，认为伯父伯颜太过骄纵，将来可能导致整个家族被灭族，不如趁现在还没到那种地步，想办法将伯颜打倒。马札儿台也持同样观点，但是担心伯颜的权势，拿不定主意，一直没下定决心。脱脱又询问自己的老师兼幕僚汉人名儒吴直方，吴直方建议脱脱为国家考虑，大义灭亲。脱脱下定决心，

元·棕色罗花鸟夹衫
内蒙古元集宁路故城遗址出土，现藏于内蒙古博物馆。属汉族服饰款式，对襟直领，直筒宽袖，紫色四经绞素罗面料，是目前所知元代刺绣服饰中最为重要的佳作。夹衫上刺绣的花纹图案极为丰富，多达99个，其题材有凤凰、野兔、双鱼、飞雁以及各种花卉纹样等，其中以牡丹纹样最多变化又最为生动。

开始谋划除掉伯颜,元惠宗早已对伯颜的跋扈不满,君臣一拍即合,但是因为伯颜势力太大,满朝文武大多是他的党羽亲信,脱脱、元惠宗所能谋划的人只有班世杰、阿鲁等寥寥数人。为了防止所谋划的事被伯颜得知,吴直方又建议脱脱将核心人员阿鲁、脱脱木儿召到家中,在脱脱家中谋划,并且不让阿鲁、脱脱木儿二人回家,以免计划泄露。

至元六年(1340年)二月,伯颜邀请元惠宗去柳林打猎,元惠宗托疾不去,伯颜遂邀请太子燕帖古思(元惠宗堂弟,元文宗之子)前往。脱脱、班世杰、阿鲁趁机发动政变,用所掌握的卫兵控制京师,收掉京城门钥,连夜派30名骑兵到柳林接回太子燕帖古思,然后起草诏书,宣布伯颜罪状,贬伯颜为河南行省右丞相。

第二天天明,脱脱登上城头等候,伯颜果然派人过来询问京师为什么关门。脱脱为进一步分化伯颜势力,声称有罪的只有伯颜一人,其他人无罪,都立刻解散,回归各处。伯颜手下士兵见伯颜失势,纷纷散去。伯颜又要求进入京师面见元惠宗,被拒绝。

脱脱更化

除掉权臣伯颜后,元惠宗改元至正元年(1341年),任命脱脱为中书右丞相,军国大权都交给脱脱。脱脱在元惠宗的支持下,废除伯颜的旧政,推行新政,开始大刀阔斧地进行改革,史称

"更化"。脱脱更化的主要内容有:

一、恢复被伯颜取消的科举考试,使汉人重新可以通过科考入仕在元朝做官,避免了汉人士大夫群体因无法入仕而投靠农民起义军。

二、为被伯颜冤杀的郯王彻彻秃平反昭雪,召回被伯颜贬斥的宣让王帖木儿不花、威顺王宽彻普化,以功臣博尔术后人阿鲁图正为广平王。

三、设置宣文阁,开经筵(帝王为讲论经史而特设的御前讲席),选择儒臣讲论经史。宣文阁原名奎章阁,是元文宗时所设,后来伯颜不喜儒士,将奎章阁罢掉,脱脱当政,重新推行儒学,选用儒臣欧阳玄、李好文、黄溍等人进行讲解。

四、恢复太庙四时祭祀以及其他礼仪制度。

五、减轻百姓负担,开放马禁,减少盐额,免除全国各地盐场拖欠的额度。

六、修撰辽、金、宋三代史书。之前,元朝一直未编写过辽、金、宋三代的历史,至正三年(1343年),元惠宗任命脱脱为三史都总裁,开始修撰《辽史》《金史》《宋史》。

至正四年(1344年),脱脱因病辞去相位。经过脱脱更化,元朝政治有了一些起色,但因积弊已久,加之天灾不断,社会矛盾并没有因此缓解,各地农民起义反而愈演愈烈。

元·怒尊甘露漩曼荼罗唐卡

少年中国史

▶ **1350年—1351年**

吏部尚书偰哲笃建言更造至正交钞，脱脱信之，诏集枢密院、御史台、翰林、集贤院诸臣议之，皆唯唯而已，独祭酒吕思诚言其不可，脱脱不悦。既而终变钞法，而钞竟不行……河决白茅堤，又决金堤，方数千里，民被其患，五年不能塞。脱脱用贾鲁计，请塞之，以身任其事。

——《元史·卷一百三十八·列传第二十五》

开河与变钞

元朝末年，社会矛盾严重，脱脱为了缓和社会矛盾，解决财政、河患问题，采取了开河和变钞的措施，结果这些措施非但没有缓解矛盾，反而进一步激化了矛盾，开河和变钞成了轰轰烈烈红巾军起义的导火索，揭开了元末群雄纷争的大幕。

时间
1350年—1351年

人物
脱脱、贾鲁等

背景
元朝末年，黄河决口，连年水患，财政亏空，入不敷出

措施
开河，变钞

结果
贾鲁治理黄河成功，结束水患，但韩山童、刘福通等人借机领导红巾军起义；滥印交钞导致物价飞涨，激化了社会矛盾，加速了元朝灭亡

元·钧窑天蓝釉水滴

危机重重

中书右丞相脱脱辞去相位之后，元朝迎来了更大的灾难。至正四年（1344年）五月，黄河中下游地区连下暴雨20多天，河水暴涨，白茅堤（今河南兰考东北）决口，平地水深两丈多。六月，金堤也决口，河水漫延，沿河许多州县都被淹没，如济宁路（今山东巨野）、单州（今山东单县）、虞城（今河南虞城）、砀山（今安徽砀山）、金乡（今山东金乡）、鱼台（今山东鱼台）、丰县（今江苏丰县）、沛县（今江苏沛县）、定陶（今山东定陶）、楚丘（今山东曹县东南）、成武（今山东成武）、曹州（今山东菏泽）、东明（今山东东明）、郓城（今山东郓城）、嘉祥（今山东嘉祥）、汶上（今山东汶上）、任城（今山东济宁）等地都遭受水灾。此次黄河泛滥极为严重，受灾面积极为广阔，千里之地都成泽国。

醉太平·堂堂大元

堂堂大元，
奸佞专权。
开河变钞祸根源，
惹红巾万千。
官法滥，
刑法重，
黎民怨。
人吃人，
钞买钞，
何曾见。
贼做官，
官做贼，
混愚贤，
哀哉可怜。
——元·佚名·散曲

至正八年（1348年），黄河再次决口，淹没济宁路，元朝不得不将济宁路治所迁到安全地带。黄河水不断北侵，冲入大运河，又淹掉济南（今山东济南）、河间（今河北河间）等地，威胁河北、山东盐运司几十个盐场，直接影响到元朝的财政收入。

元朝统治者面对水灾，束手无策，毫无治理良方，导致黄河泛滥5年，百姓流离失所，饿殍遍野。许多活不下去的百姓铤而走险，变为强盗，剽掠无忌，官府无力禁止。其他少数民族也都不堪压迫，揭竿而起，全国不断爆发农民起义，其中影响较大的有台州黄岩（今浙江台州黄岩区）盐贩方国珍起义，益都（今山东青州）盐贩郭火你赤起义，汀州连城（今福建连城）农民罗天麟、陈积万起义，靖州（今湖南靖州）吴天保领导的瑶民起义，辽阳锁火奴和兀颜拨鲁欢领导的女真族起义，云南思可法起义。

变钞

面对动荡不安的形势和重重危机，元惠宗于至正九年（1349年）闰七月再次启用脱脱为中书右丞相，希望在脱脱的治理下，可以改变状况。脱脱上任后，面临两个极其严重的问题，一个是财政问题，一个是黄河水灾问题。

元朝是中国历史上第一个全部使用纸币（钞）的朝代，自元世祖忽必烈中统元年（1260年）起，开始印中统元宝交钞，以银为本位，以贯、文为单位，中统钞每两贯可兑换白银一两。起初印数不多，币值较为稳定。但是随

元·至正年造中统元宝交钞五百文

至正年造中统元宝交钞五百文 元

着流通的需要以及经费开支增加,朝廷增加印钞量,导致钞币贬值。大德七年(1303年),朝廷动用钞本(纸币后备金),导致钞币再次贬值。元武宗即位后,由于滥行赏赐,耗费巨大,开始肆意动用钞本,钞币贬值更严重,至大二年(1309年),又发行至大印钞,与中统钞并行流通,并且恢复使用铜钱。元仁宗即位后,采取了一些控制钞法的措施,但是接着又开始大量印钞,结果导致钞银比值只有中统初期的1/20,元惠宗即位后,面临极其糟糕的经济状况,不但钞币严重贬值,而且伪钞横行。

至正十年(1350年)四月,左司都事武琪建议采取变更钞法来应对眼下的经济危机,吏部尚书偰哲笃也支持这种做法,他们提出以一千文的纸币为母,以铜钱为子。脱脱召集枢密院、御史台、翰林、集贤院的众朝臣商议此事,大部分人都知道脱脱是希望变钞的,所以都不提不同意见,唯唯诺诺,只有国子祭酒吕思诚不同意变钞。偰哲笃说因为至元伪钞太多了,所以不得不变钞。吕思诚认为就算变了钞,还是会存在伪造的问题。最后两个人几乎吵起来了,偰哲笃问:"你既然说我们的措施不行,那你有什么良策?"吕思诚大叫:"我只有三个字:行不得!行不得!"最后吕思诚被监察御史弹劾狂妄,夺去了诰命和玉带,贬到外地做左丞,反对者的声音被打压下去,脱脱开始变更钞法。

变钞的具体方式有两个:一是发行"至正交钞",因这种钞是用中统交钞加盖"至正交钞"而来,所以又称"至正中统交钞"。至正中统交钞1贯折算铜钱1000文,至正中统交钞1贯折算原来的纸

元·至元通行宝钞贰贯
1986年发现于山西定襄县,此钞是目前山西发现最早的纸币实物。至元通行宝钞是元世祖至元二十四年(1287年)以后颁发的全国性纸币,钞背面盖有"贰贯"字样戳记。

币至元宝钞2贯，两种钞并行于世。二是发行铜钱"至正通宝"，铜钱和交钞通用于世。

新的钞法实行之后，由于朝廷滥印交钞，引发严重的通货膨胀，交钞多到舟船运送，接连不断，物价上涨了10倍，百姓视交钞如废纸。该政策非但没有改善元朝的经济状况，反而让经济状况更糟糕。

元·至元通行宝钞贰贯以及铜钞版

至元通行宝钞是我国现存最早的纸币之一。以桑皮纸制，呈深灰色。钞首通栏横书"至元通行宝钞"，下为蔓肥叶硕果纹饰框，框内上部有钞值"贰贯"，字下有二串铜钱。左右各有一行八思巴文，意为"至元宝钞，诸路通行"。钞上钤有二方八思巴文朱文红印，上为"提举诸路通行宝钞"，下为"宝钞总库之印"。

开河

脱脱变更钞法的同时，也在处理另一个元朝面临的严重问题——治理黄河。脱脱召集大臣们，商议治理黄河的方略。大臣们有的提出来围堵的方法，建议修建堤坝遏制水势；有的提出来疏导的方法，建议疏通南河故道来治理黄河。都漕运使贾鲁给出了围堵和疏导并行的治河方法：一方面修建北堤，堵塞北河，防止黄河向北灌入运河，另一方面疏通南河，使黄河恢复故道，这种治理方式会是个浩大的工程，需要征集差不多20万民夫来完成，贾鲁认为只有进行大规模的治理，才能根除河患。这次讨论因议论纷纷，朝廷不能决断，最后派大司农秃鲁以及工部尚书成遵于至正十一年（1351年）春巡视济宁、曹州、濮州（治所位于今山东鄄城）、汴梁（今河南开封）、大名路（治所今河北大名）等地，测量河水深浅，查看历代关于黄河的史籍，探访各地舆论，以研究治理黄河的方法。

秃鲁和成遵尚未回来时，丞相脱脱已经采纳了贾鲁的治理方法，准备以此方法开始治理黄河。成遵回来之后，得知脱脱打算采用贾鲁的方法，力陈不可。成遵并非认为贾鲁的治理方法不可行，他是在巡视各地的过程中，发现济宁、曹州等地连年饥荒，百姓已是民不聊生，处于崩溃的边缘了，如果这个时候征集20万民夫来治理黄河，恐怕他们聚集在一起时，会因此发生暴乱之类的事情，到那个时候，出现的患难只怕比河患还要严重。已决心采用贾鲁之策治理黄河的脱脱自然被惹怒了，但成遵仍然不肯改变自己的态度,这次讨论从清晨一直到傍晚,还没法得出结果。第二天有人劝成遵,说:"治理黄河之事,丞相心意已决,而且有贾鲁负责,您就不用多坚持了,不如采取模棱两可的态度。"成遵说:"我的胳膊可以断,但是我的建议不可改!"

成遵坚持不肯退让的态度终于使脱脱失去和他继续争辩下去的耐心,在脱脱的影响下,元惠宗将成遵贬为大都河间等处都转运盐使。至正十一年(1351年)四月,元惠宗任命贾鲁为工部尚书、总治河防使,进秩二品,授以银章,领河南、北诸路军民,开始治理黄河。贾鲁共征集汴梁、大名13路百姓15万人,另外征调庐州(今安徽合肥)成军中的18军2万人一起参与治河。七月,凿通黄河故道。八月,决开黄河水,放河水入故道。九月,贾鲁使用船堤障水法(使用大船相连,组成船堤,然后装石沉船,堵住决口),堵住了白茅堤决口,使黄河回归故道,东去徐州,经泗水,进淮海,最终入海。贾鲁成功治理好了黄河,消除了水患,因他

元·《药师经变》壁画

出自山西省洪洞县广胜下寺,描绘了药师佛及其随从所在的东方佛教净土的盛况。药师佛为东方净琉璃世界之教主,日光菩萨和月光菩萨伴其左右,合称"东方三圣"。八大接引菩萨站立环绕在药师三尊身旁。"药师三尊"莲花宝座下,各有献花供养的二尊菩萨或童子。画面两侧是十二尊药叉神将和护法天神部诸眷属围绕,护持着东方净土。此画场面恢宏,人物众多,色彩繁复,线描精巧,是元代壁画里的精品。

治理黄河的功绩,后人称呼他所开凿的这段河为"贾鲁河"。

但是,农民起义军领袖韩山童、刘福通等人却利用这次开河机会发动了红巾军起义。治理黄河开工之前,韩山童、刘福通等人事先将一个只有一只眼的石人背上刻上"莫道石人一只眼,此物一出天下反",然后埋到黄陵岗(今山东曹县西南,原为黄河故道),并且在社会上散布谣言:"石人一只眼,挑动黄河天下反。"河道开挖后,开河民工果然挖出了石人,顿时人心浮动,议论纷纷,韩山童、刘福通趁机聚众3000人起义,轰轰烈烈的红巾军起义爆发了。

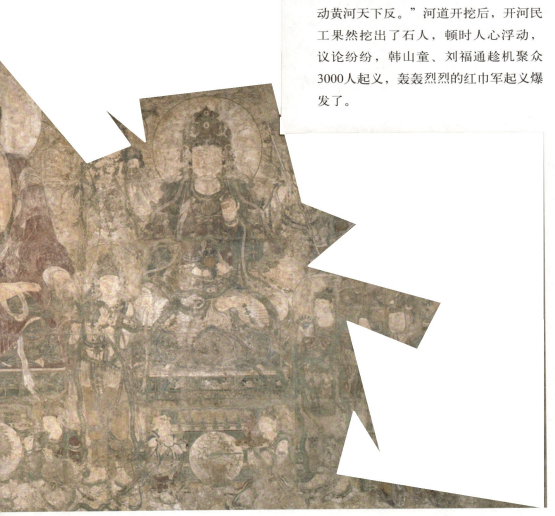

1351年

辛亥，颍州妖人刘福通为乱，以红巾为号，陷颍州。初，栾城人韩山童祖父，以白莲会烧香惑众，谪徙广平永年县。至山童，倡言天下大乱，弥勒佛下生，河南及江淮愚民皆翕然信之。

——《元史·卷四十二本纪第四十二》

群雄并起

元朝末年，社会矛盾激化到一定程度，一方揭竿而起，天下云集响应，起义军迅速遍布全国各地，元廷虽有脱脱等名将在镇压起义军的过程中取得一定成果，但终因内部奸臣谗言，名将被杀，导致起义军再次崛起，群雄并起，终于覆灭元朝。

开始时间
1351年五月

率先起义
韩山童、刘福通领导的红巾军起义

其他群雄
徐寿辉南方红巾军起义、郭子兴濠州红巾军、张士诚起义等

元朝将领
脱脱、答失八都鲁等

元廷镇压失败原因
奸臣谗言，脱脱被害

结果
起义军群雄并起，引发了之后的朱元璋、张士诚、陈友谅等势力之争

郭子兴像
郭子兴（？—1355年），濠州定远江淮地区（今属安徽）人，红巾军首领。

北方红巾

元朝末年，官员腐败，横征暴敛，百姓负担极重，民不聊生，而数年的黄河水患又导致沿河百姓流离失所，因此饿死、病死于道路者无数。白莲教首领韩山童利用宗教信仰，宣扬"弥勒下生""明王出世"等信念，吸引了黄河流域无数的贫苦百姓加入白莲教。

至正十一年（1351年）四月，元惠宗任命贾鲁为工部尚书，开挖黄河故道。韩山童与教众刘福通抓住这一契机，一边在社会上散布谣言"石人一只眼，挑动黄河天下反"，一边偷偷凿了一个独眼石人，在石人背面刻上"莫道石人一只眼，此物一出天下反"，然后埋到即将开挖的黄陵岗河道中。河道开挖后，石人自然被挖出，开河民工们见石人和

谣言相应，顿时惊诧不已，消息很快传遍大河南北，人心思乱，动荡不安。

该年五月，韩山童、刘福通聚集教众3000人于颍州颍上（今安徽颍上县），杀黑牛白马，誓告天地，宣布起义。刘福通宣称韩山童为宋徽宗的八世孙，而自己为南宋名将刘光世的后人，应该辅佐宋徽宗后人。

因这次起义的消息泄露，官府派兵前来围剿，韩山童被捕牺牲，韩山童妻子杨氏、儿子韩林儿逃到武安（今江苏徐州武安山）。刘福通突围后，召集起义军攻打颍州（今安徽阜阳），并且一举攻克颍州，轰轰烈烈的大起义正式爆发。因为起义军头裹红巾，故称"红巾军"。

红巾军占领颍州后，元廷大为震恐，急忙派枢密院同知赫厮率兵6000人前往镇压，结果元军见红巾军声势浩大，无心应战，被击败，赫厮大呼"阿卜！阿卜！"（快跑！）逃走，刘福通率领红巾军乘胜攻占罗山（今河南罗山）、真阳（今河南正阳）、确山（今河南确山）、汝宁府（今河南汝南）、息州（今河南息县）、光州（今河南潢川）等地，人数发展到十几万人。

元·起义军徐寿辉铸造"天定通宝"折三

元末起义军徐寿辉铸"天定通宝"折三大型，少见，极美品，难得。

南方红巾

韩山童、刘福通率领的北方红巾军起义迅速壮大，极大地鼓舞了全国各地百姓，他们纷纷揭竿而起，响应起义，规模较大的有蕲州（今湖北蕲春）彭莹玉、徐寿辉领导的南方红巾军起义、徐州的芝麻李、濠州（今安徽凤阳）的郭子兴。

彭莹玉，袁州（今江西宜春）人，又称彭和尚，是南方白莲教首领，教徒遍布江淮，彭莹玉被教徒们称之为"彭祖"。早在至元四年（1338年），彭莹玉便和弟子周子旺

元·钧窑玫瑰紫釉花盆

张士诚像
现藏于江苏泰州张士诚纪念馆。

率领5000教徒在袁州起义，建立佛国，以周子旺为周王，后来元兵前来镇压，周子旺被俘遇害，彭莹玉在教徒的帮助下，逃到淮西。

至正十一年（1351年），韩山童、刘福通首先起义反元后，当年八月，彭莹玉指使徒弟铁匠邹普胜和布贩徐寿辉于蕲州起兵，响应韩山童、刘福通。徐寿辉、邹普胜所领导的起义部众也多信仰白莲教，因用红巾裹头，故称南方红巾军。徐寿辉等人起义后，一举攻克罗田县，十月，起义军攻克蕲水（今湖北浠水），以蕲水为都城，立徐寿辉为帝，建立政权，国号"天完"（在"大元"的国号上边加上一两笔，意为压倒大元），改元治平。天完政权效仿元朝政府机构，也设立了自己的中书省、枢密院、六部等机构，以邹普胜为太师，倪文俊为领军元帅。

至正十二年（1352年），天完政权分兵四路，攻克汉阳、兴国（今湖北阳新）、武昌、龙兴（今江西南昌）、安陆（今湖北钟祥）、沔阳（今湖北仙桃）、瑞州（今江西高安）、吉安等地。由于起义军军纪严明、杀富济贫，所以深入人心，势力很快便发展到大江南北，队伍也发展到百万之众。

其他诸豪

除了北方红巾军和南方红巾军，尚有其他几支反元起义军。邳县（今江苏邳县）人李二，因在灾荒年，开启家中芝麻仓赈济灾民，因此被人称作"芝麻李"。韩山童、刘福通起义后，八月，芝麻李联合彭大、赵均用（一作赵君用）等人，也烧香聚众，起兵响应，很快便攻下徐州，队伍发展到十几万人，并且占领了徐州附近宿州、睢县、丰（今江苏丰县）、沛（今江苏沛县）、安丰（今安徽寿县）、泗县等地。至正十二年（1352年）二月，濠州定远（今安徽定远）富豪郭子兴联合农民孙德崖等人起兵反元，很快攻占了濠州。钟离（今安徽凤阳）人朱元璋也投到了郭子兴的起义军中，因朱元璋作战英勇、奋不顾身，很快便得到郭子兴的信任，郭子兴任命他为十夫长。此外，还有王权领导的"北锁红军"和孟海马领导的"南锁红军",也都声势浩大,席卷河南、湖北一带。

以上诸豪都是以红巾军的名义起义,而泰州兴化白驹场(今江苏盐城大丰区)的张士诚却是个例外。张士诚原本是个私盐贩子,为人轻财好施,深得众盐贩之心,因不甘富人羞辱,于至正十三年(1353年)正月,率领诸弟及同党李伯生等18人杀死羞辱他的富人,然后招募盐丁,宣布起义反元,起义军队伍迅速壮大,很快就人数上万,不久攻下高邮,张士诚自称诚王,建国大周,改元天佑。

元廷镇压

全国各地起义军此起彼伏,元廷大为震恐,急忙派兵镇压。至正十二年(1352年)八月,脱脱亲率大军征讨徐州的芝麻李。九月,元军攻破徐州,芝麻李被俘虏遇害,元军对徐州进行了屠杀,芝麻李部将彭大、赵均用等人率领残部逃往濠州和郭子兴会合,脱脱命贾鲁率兵围困濠州。其他各路红巾军也都遭到元兵镇压,北锁红军、南锁红军都被元将答失八都鲁率兵镇压。南方红巾军建立的天完政权也遭到元军四面合攻。至正十三年(1353年)十一月,元朝江西行省右丞火你赤率兵攻陷瑞州,天完政权重要领导人彭莹玉被杀害。十二月,江浙行省平章卜颜帖木儿、南台御史中丞蛮子海牙、四川行省参知政事哈临秃、左丞秃失里、西宁王牙罕沙等人率兵合力攻陷天完都城蕲水,天完政权官员被杀400多人,天完皇帝徐寿辉率部逃到黄梅、沔阳一带,红巾军转入低谷。

张士诚在高邮建国称王后,元惠宗派人招降不成,下令脱脱总制诸王诸省军讨伐。至正十四年(1354年)九月,脱脱率领各路元军进讨张士诚,元军浩浩荡荡,旗帜延绵千里,金鼓震天,号称100万人,出师之盛,未曾有过。十一月,元军到达高邮,连战连胜,张士诚败退城中,不敢出战。

就在元军将要攻陷高邮之时,朝中奸臣哈麻向元惠宗进谗言,说脱脱"劳师废财"。元惠宗下诏削去脱脱兵

元·无量寿佛唐卡

权,贬脱脱到淮安。军中参议龚伯遂以"将在外君命有所不受"的道理劝脱脱别去,但忠心于元惠宗的脱脱不听,还是选择了前往淮安,临行将元军分给诸将。

至正十五年(1355年)三月,朝中再次有人进谗,脱脱又被贬往云南镇西路(今云南盈江)。十二月,哈麻矫诏将脱脱毒杀于云南。

义军复起

高邮之战是元朝征讨起义军的转折点,由于脱脱被谗杀,元军虽有百万大军,但群龙无首,一时四散,张士诚趁机进攻,大败元军,许多元军都投降了张士诚,张士诚迅速占领浙江、江苏大部分富庶地区,张士诚一跃成为雄踞一方的势力。

至正十五年(1355年)二月,北方红巾军领袖刘福通也在亳州(今安徽亳州)建立政权,立韩山童之子韩林儿为帝,号"小明王",国号大宋,年号龙凤。大宋政权建立一省(中书省)六部等机构,并且分设地方行省,以赵均用、朱元璋、毛贵等人为各省平章。

由于刘福通领导的北方红巾军壮大,元廷军队大都被调往北方与北方红巾军作战,南方红巾军因此赢得复起的机会,在倪文俊、徐寿辉等人领导下,天完政权重新占领武昌、汉阳等地。至正十六年(1356年)正月,天完迁都汉阳,徐寿辉仍以邹普胜为太师,命倪文俊为丞相,改元太平。

各地起义蜂起,元朝内部却依旧在为争权夺利而互相征战,使元朝的统治在灭亡之路上越走越远。

元·缂丝须弥山曼陀罗
色调清新雅致,现藏于美国纽约大都会艺术博物馆。"须弥山"来自婆罗门教术语,后为佛教引用。传说在须弥山周围有咸海环绕,海上有四大部洲和八小部洲。山顶为帝释天,四面山腰是四天王天。元朝对宗教采取宽容态度,藏传佛教甚受重视。元末起义就是利用宗教发动和组织起来的。

元

1368年

伯颜不花恸哭谏曰:"天下者,世祖之天下,陛下当以死守,奈何弃之!臣等愿率军民及诸怯薛歹出城拒战,愿陛下固守京城。"卒不听。至夜半,开健德门北奔。八月庚午,大明兵入京城,国亡。

——《元史·卷四十七·本纪第四十七》

朱元璋灭元

蒙古兴起之初,兵势之盛,前所未有,不但攻灭中亚诸国,更打到欧洲,后来忽必烈建立元朝,灭掉宋朝,疆域极其广阔。但后期腐败堕落,加之错误的民族政策,导致矛盾重重,终于激起红巾军起义。元朝军队在新兴的明军面前不堪一击,迅速溃败,丢失大都,逃往漠北,元朝灭亡。

时间
1368年

末代元帝
元惠宗(即元顺帝)

明军将领
徐达、常遇春

明军口号
驱逐胡虏,恢复中华,立纲陈纪,救济斯民

灭元方略
先山东、后河南、再潼关,最后合并进攻元大都

后续王朝
明朝

夹缝求生

元末群雄并起,起义军起初都是与元军作战,但随着元军节节败退,起义军不断壮大,各部起义军之间开始产生冲突,原本元朝与起义军的战争渐渐演变为起义军内部为了争夺地盘的战争。经过起义军之间的互相攻占,最终剩下朱元璋、陈友谅、张士诚等几个实力较强的割据势力。

朱元璋原本是濠州起义军郭子兴部下一名十夫长,后在起义过程中,不断壮大,有了自己的部队。至正十五年(1355年)三月,郭子兴去世后,大宋政权小明王韩林儿封郭子兴之子郭天叙为都

明太祖真像
明太祖朱元璋(1328年—1398年),幼名重八,又名兴宗,字国瑞,濠州钟离(今安徽凤阳东)人。出身贫寒,曾在皇觉寺为僧,后投军红巾军郭子兴部,逐渐成为义军首领,施行"高筑墙、广积粮、缓称王",相继消灭各割据势力;元顺帝至正二十八年(1368)正月称帝,国号大明。

元帅，郭子兴的妻弟张天佑为右副元帅，朱元璋为左副元帅。定远人冯国用建议朱元璋占领集庆（今江苏南京），作为根基，然后四处征伐，收取天下。九月，在攻打集庆的过程中，郭天叙和张天佑都战死了，朱元璋成为濠州起义军的首领。至正十六年三月，朱元璋攻克集庆，改集庆路为应天府，有了根基，韩林儿封朱元璋为江南行省平章。

朱元璋虽然占领了应天府，但他面临的周边环境并不好，他的东边是张士诚，曾经在高邮之战击败了元朝的百万大军，占领江浙之地，实力雄厚，是起义军中最为富裕的一个割据势力。朱元璋西边的陈友谅更加强大，陈友谅本来是南方红巾军徐寿辉的部将，至正二十年（1360年），陈友谅弑杀徐寿辉，自立为帝，国号汉，改元大义。朱元璋身处张士诚、陈友谅两大势力之中，时刻有被吞并的危险。朱元璋的谋士刘基（字伯温）认为，东边的张士诚在击败元军之后，贪图享受，不思进取，不会对朱元璋造成太大威胁，而西边的陈友谅却时刻想要吞朱元璋。根据这种形势，朱元璋制定了先陈友谅后张士诚的战略。

扫平群雄

朱元璋采用诱敌深入的方式，先让自己的部将康茂才（曾是陈友谅故友）给陈友谅写信一封，约陈友谅来攻朱元璋，自己为内应。陈友谅不知是

元末·起义军朱元璋铸大中通宝背"鄂十"

诈，率兵前来，结果中了朱元璋的埋伏，大败而归。陈友谅败退后，不甘心失败，制造数百艘大舰，准备再和朱元璋决一死战。至正二十三年（1363年）二月，张士诚趁大宋政权被元兵击败之际，出兵围攻安丰，小明王韩林儿遣人向朱元璋求救，朱元璋率兵前往安丰救援。陈友谅趁朱元璋后方空虚，率领水陆大军60万人，进攻朱元璋控制的洪都（今江西南昌），朱元璋之侄朱文正死守洪都85天，为朱元璋赢得了时间。朱元璋解了安丰之围后，听说陈友谅大举来攻，急忙率领20万大军回救，与陈友谅大军交战于鄱阳湖。陈友谅大军不但人数众多，而且船舰巨大，朱元璋的军队人数少，而且多是小船，处于不利地位，后在部将郭兴建议下，朱元璋使用火攻，大败陈友谅军，陈友谅军死伤大半，转为守御。双方对峙一个多月后，陈友谅在交战中被飞箭射中头部而死，军队溃败。次年二月，朱元璋攻下武昌，陈友谅之子陈理投降，大汉割据政权灭亡。

消灭陈友谅后，朱元璋的下一个目标是张士诚。至正二十五年（1365年），朱元璋命徐达、常遇春攻下泰

州、通州（今江苏南通）、高邮等地，张士诚政权的北方以及淮河流域地区被朱元璋占领。至正二十六年（1366年），朱元璋又令徐达、常遇春攻取了湖州、杭州、绍兴、嘉兴等地，将张士诚政权南方领地也都占领，张士诚所据守的平江（今江苏苏州）成为孤城。至正二十七年（1367年）九月，徐达、常遇春率军攻破平江，张士诚被俘，后在送往应天的路上自杀，张士诚割据政权也被消灭。

陈友谅、张士诚两个最大的割据势力都被朱元璋消灭，其他势力相对较弱的更不在话下，不久，割据浙江的方国珍和割据福建的陈友定也先后被朱元璋平定。

北伐元朝

至正二十七年（1367年）十月，朱元璋发布《谕中原檄》，在檄文中提出"驱逐胡虏，恢复中华，立纲陈纪，救济斯民"的口号，任命徐达为征虏大将军、常遇春为副将军，率兵25万人，北伐元朝。朱元璋事先为北伐军做了详细部署，命北伐军先取山东，撤除元朝屏蔽，后进兵河南，切断元朝羽翼，再夺取潼关，占据元朝门槛。等到这个时候，天下大事，都被掌握，元大都可以不战而胜。攻克元大都后，挥师西进，云中、太原、关陇也都可席卷而下。

按照朱元璋的部署，北伐军先攻山东，割据山东的王宣、王信父子战败，王宣被杀，王信逃遁，北伐军占领山东。次年正月，朱元璋称帝，定国号为明，建元洪武。洪武元年（1368年）四月，明军在洛阳塔儿湾与5万元军遭遇，常遇春单骑突入元军，麾下壮士跟从杀入，元军大败，明军不久占领河南和潼关。七月，各路明军会师，合兵北进，元军将领闻风逃遁，明军势如破竹。八月，明军逼近大都，元惠宗不敢抵抗，率领后妃、太子、众臣弃大都，逃往上都，明军攻入大都，留守大都的淮王帖木儿不花、中书左丞相庆童被杀，元朝灭亡。元朝自忽必烈1271年建国号，至此而亡，国祚仅98年。

元·鸳鸯莲花纹锦

元·青白瓷观音像

> 1260年—1368年

至元三年二月，立沈州，以处高丽降民。帝欲通好日本，以高丽与日本邻国，可为乡导。

——《元史·卷二百八列传第九十五》

元朝时的中外关系

元朝国力强盛，疆域广阔，和外国交往频繁，同亚洲、非洲、欧洲多国都有来往。元朝与诸国的交往，促进了东西方文化、科技等方面的交流。

元朝交往各国

东亚：高丽（今朝鲜）、日本

东南亚：安南（今越南南部）、占城（今越南南部）、暹罗（今泰国）、瓜哇（位于今印度尼西亚瓜哇岛）等

南亚：马八儿（位于今印度南）、俱蓝（位于今印度南）、僧伽剌国（今斯里兰卡）

非洲：密昔儿（今埃及）、麻加里（今摩洛哥、阿尔及利亚一带）、拨拨力国（位于今索马里）等

欧洲：斡罗思（今俄罗斯）、孛烈兀（今波兰）、马札儿（今匈牙利）等

反映蒙古与高丽战争的油画

南宋绍定四年至嘉熙元年（1231年—1273年），蒙古对高丽共发动了9次战争。元世祖忽必烈即位后，高丽最终成为元朝的藩属国，一度受到元征东行省的控制；而济州岛也长期成为元朝政府的直接管辖地"耽罗军民总管府"，负责防倭和高丽海外侨民事务。

高丽

元朝时，朝鲜半岛上的政权是由王建建立的高丽王国，史称王氏高丽。蒙古兴起之初，常常攻打高丽，忽必烈继位后，高丽高宗王皞逝世，忽必烈扶植王皞之子王禃为高丽国王，高丽和元朝的关系得到改善。至元六年（1269年），高丽权臣林衍发动政变，逼王禃让位，立王禃之弟王淐为王。王禃之子王愖向忽必烈求救，忽必烈派军3000人跟从王愖赴高丽。至元七年，林衍被击败，王禃复位。元军又协助王禃攻破三别抄军，稳固了王禃的地位。

至元十七年（1280年），忽必烈为了征讨日本，在朝鲜半岛设立征东行省（又称日本行省，征日本行省），在高丽聚集军队，囤积粮草，制造战

蒙古袭来画卷

《蒙古袭来画卷》是日本九州武士竹崎季长所作的画卷，表现元至元三十年（1293年）自己统兵与征讨日本的中国元朝军队作战的情况。

船，东征日本失败后，忽必烈曾取消征东行省。至元二十年（1283年），忽必烈再次恢复征东行省，以高丽国王为征东行省丞相，征东行省名虽为行省，实质上还是元朝的属国。元末爆发了红巾军起义，高丽王王颛见元朝衰弱，趁机发兵攻元，元与高丽关系恶化。后红巾军势力扩展到辽东，高丽军出兵与红巾军交战，击败了辽东的红巾军，但高丽将领李成桂逐渐掌握大权，并于明朝洪武二十五年（1392年）自立为王，王氏高丽灭亡。

元朝时期，中国与高丽交往频繁，高丽有许多精通汉文的士人和僧人同中国文人交往密切，互有唱和，也有许多在中国的高丽人士出仕元朝，在中国做官。

日本

日本原来被中国称为倭奴国，后因嫌弃名字不好听，自己改名为日本，取近日所出之意。至元三年（1266年），忽必烈派遣兵部侍郎黑的、礼部侍郎殷弘奉国书出使日本，高丽王派遣使者随同前往，结果因为风波险恶，这次出使没能成功。至元五年（1268），忽必烈再次派黑的、殷弘出使日本，元朝使者到对马岛后，遭到日本拒绝，元朝使者只得抓了岛民塔二郎、弥二郎回去复命。忽必烈让这两个人游览燕京后，放回日本。至元七年（1270年），忽必烈以赵良弼为国信使，出使日本，次年，赵良弼等人到达日本后，日本国王不予接见，最后只得返回。至元十年，赵良弼再次出使日本，又无功而返。

至元十一年（1274年），失去耐心的忽必烈令蒙、汉、高丽军2.5万多人，乘坐900艘战船讨伐日本，元朝的东征军遭到日本守军顽强抵抗，又有台风来袭，战船多损坏，东征军败回。至元

十八年（1281年），忽必烈令范文虎、李庭、张禧率兵10万、战船3500艘，再次征讨日本。结果元军又一次遭到台风侵袭，战船多毁，元军不战自败，范文虎等将领乘坐没坏的船逃回，其他元军被抛弃在日本。在日军的进攻下，元军大多战死，被俘元军中的蒙古人、色目人、高丽人都被杀，只有汉人没被杀，日本人称之为唐人。两次东征失败后，忽必烈还想再次造船征讨日本，后因百姓反抗和朝臣反对，最后作罢。

元朝虽然与日本有过两次大的战争，但是民间的经济、文化往来却仍是频繁，终元一代，日本商船常常往来于庆元（今浙江宁波）从事贸易活动，中国商船也常常前往日本进行贸易，两国主要交易商品有瓷器、经卷、丝绸、木材等。除了经济往来外，元朝与日本文化往来也颇多，常常有日本僧人来到元朝，与中国的僧人、文士交流佛法、文

波罗兄弟拜会忽必烈

马可·波罗的父亲和叔父是威尼斯商人，兄弟俩常常到国外去做生意。一次偶然的机会两人见到了元世祖忽必烈，忽必烈听到来了两个欧洲客人，就在行官里特别热情地接见了他们。

化，日本僧邵元在少林寺居住20多年，另一日本僧人雪村友梅也曾在元朝居住20年，并且和元朝著名书画大家赵孟頫有过来往。元朝有许多僧人应邀前往日本弘扬佛法，并最终在日本去世，为中日文化交流做出了重大贡献。

安南

秦汉以来，越南北部属于交州，为中国历代政权的一部分，中国称之为交趾。唐朝末年，天下大乱，藩镇割据，交趾因此自立。宋朝时，册封其帝为安南（今越南南部）、占城（今越南南部）国王。忽必烈在位时，占城王向元朝纳表称臣，忽必烈封其王为占城郡

王。至元十九年（1282年），占城王反叛，忽必烈派占城行省右丞唆都率兵征讨，攻破木城，占城王逃入山林。至元二十一年（1284年），忽必烈令皇子镇南王脱欢率兵征讨安南，唆都也率兵从占城进攻安南。安南王避而不战，待元军疲敝又出来攻击元军，元军被动，又逢暴雨，瘟疫大作，元军只好退去。安南军乘机进攻，元军死伤甚众，唆都战死。至元二十四年（1287年），元军再次进讨安南，安南王逃到海上，元军粮尽兵疲，撤军回去，回去的路上遭到安南军伏击，死伤颇多。

元成宗（忽必烈孙）即位后，停止对安南、占城用兵，安南、占城与元朝恢复关系，经济、文化交流不断，安南儒学兴盛，汉文通行于高层，安南君臣中有不少人的汉文化水平都相当高，能诗善词。南宋被元朝所灭后，许多宋人也都逃到安南，为安南的经济和文化发展做出了贡献。

缅国

缅国（蒲甘王朝，今缅甸）、暹罗（今泰国）、真腊（今柬埔寨）与宋朝、大理国交往密切，忽必烈建立元朝后，至元十四年（1277年），缅国曾派兵进攻干额（今云南盈江），被元军击退，元军随后攻缅，因天热退兵。至元二十年（1283年），元军兵分三道，进攻缅国，攻占江头城（今缅甸杰沙），缅王逃遁。至元二十三年（1286年），元朝设立缅中行省，之后缅国君主皆为元朝附庸。元朝和缅国经贸往来频繁，元朝商人经常到缅国沿海地区进行贸易，不少元朝人长期居住在缅国。

暹国也为中南半岛国家，元成宗时，暹国派遣使者出使元朝，但是在此之前，元成宗已经派遣使者前往暹国了，于是成宗急忙派人日夜兼程赶上元朝的使者。暹国从此与元朝来往渐多，两国商船往来，交易黄金、象牙、犀

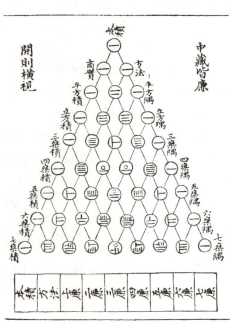

古法七乘方图

朱世杰（1249年—1314年），字汉卿，号松庭，汉族，元代数学家和教育家，有"中世纪世界最伟大的数学家"之誉。他在著作《四元玉鉴》中，介绍了多元高次方程组的解法"四元术"、高阶等差级数的计算"垛积术"以及有限差分"招差术"等。此图为其书中《古法七乘方图》，即高次开方运算。比欧洲的帕斯卡三角形要早几百年。

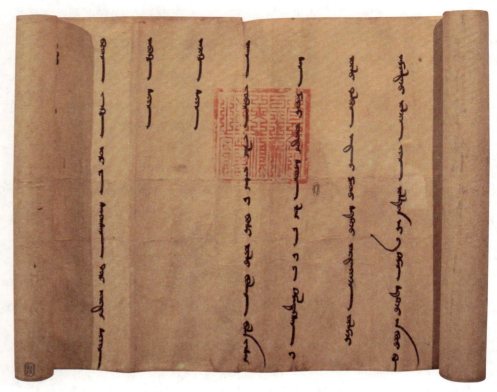

元成宗写给法国国王菲利普四世的诏书

角、龙脑等物。

罗斛国位于暹国之南，至元二十六年（1289年）曾经派遣使者来元朝，和元朝建立贸易关系，双方商船来往密切。罗斛国后来逐渐强大，至正九年（1349年）吞并暹国，后中国称其国为暹罗。

元贞元年（1295年），元成宗派遣使者出使真腊国，元朝使臣在真腊居住一年，于大德元年（1297年）返回，使臣中有一个叫周达观的人，写了一本叫《真腊风土记》的书，对真腊人物、风俗、语言、文字以及吴哥城（今吴哥窟）等方面都做了详细记载，为后人研究吴哥窟留下珍贵资料。

真腊同元朝贸易往来也繁盛，其国中有大量经商作贾的"唐人"，经营瓷器、雨伞、金银等生意。

爪哇

爪哇（位于今印度尼西亚爪哇岛）是南海强国，元朝曾派使者招降，爪哇王不从，并且羞辱元朝使者。忽必烈大怒，至元二十九年（1292年），令福建行省平章史弼、亦黑迷失、高兴会集福建、江西、湖广三行省2万人，从泉州出发，渡海征讨爪哇。

元军到达爪哇时，爪哇王已被地方长官哈只葛当杀死，爪哇王之婿土罕必阇耶投降元军，和元军合兵攻打哈只葛当。元军击败哈只葛当后，土罕必阇耶忽然袭击元军，元军败逃回国。事后，忽必烈想再次征讨爪哇，未果，后来爪哇和元朝恢复关系，贸易往来频繁。

除爪哇外，南海苏木都剌（今印度尼西亚苏门答腊岛）、三屿（今菲律宾吕宋岛）等地也都与元朝有往来。

非洲和欧洲等国

非洲的密昔儿（今埃及）、麻加里（今摩洛哥、阿尔及利亚一带）、拨拔力国（位于今索马里）等国都和元朝有过来往，元人刘郁曾根据元朝使臣口述，写过一本书，叫作《西使记》，对非洲诸国进行记载。

蒙古兴起之初，蒙古骑兵曾经打到欧洲，击败斡罗思（今俄罗斯）、孛烈兀（今波兰）、马札儿（今匈牙利）等国。后来元朝建立，不再西征，但仍同欧洲诸国有来往。

罗马教皇给元朝皇帝写过书信，并且让教士孟特戈维诺送到元朝，交给元成宗。元成宗允许孟特戈维诺在元大都修建教堂和传教，孟特戈维诺在元朝发展了许多教众。元朝与欧洲诸国的交往促进了东西方文化、经济交流，中国的印刷术、火药因此传入了欧洲。

元·摩尼教宇宙图
摩尼教又称明教，发源于古波斯萨珊王朝，崇尚光明。约于6—7世纪传入中国新疆地区，唐朝时传入内地，因受打击而改称明教，成为秘密宗教。因相信黑暗就要过去，光明即将来临，故屡有反政府之举。南宋后逐渐演变成白莲教。此图描绘了摩尼教"10层天8层地"的宇宙观：日月之上是天堂，接下来圆弧内是摩尼教特有的10层"天"，这里不仅居住天使和恶魔，还有天蝎、双鱼座等12星座。人类居住在蘑菇状的"须弥山"上，最下层为地狱。

13世纪末—14世纪

当时四海测景之所凡二十有七，东极高丽，西至滇池，南逾朱崖，北尽铁勒，是亦古人之所未及为者也。

——《元史·卷四十八·志第一》

盛况空前的天文学

蒙古兴起后，所过之处，破坏颇大，但对天文学甚为重视，天文学在元朝时期不但未曾衰落，反而进一步发展，达到了新的高度。

原因
中央政府对天文学重视

代表人物
扎马鲁丁、郭守敬等

成就
创制了众多精确天文仪器；修订《授时历》，数据精确；恒星观测

郭守敬雕像

元朝建立后，虽然经济、文化等方面都落后于原来的宋朝，但是在天文学上却取得了较大发展。蒙古人信仰"长生天"，所以十分注重对天象的观察。忽必烈在位时，手下有许多天文学家，其中有契丹人耶律楚材，有汉人刘秉忠，也有回人扎马鲁丁。扎马鲁丁曾经向忽必烈进献了7种西方天文仪器，分别为咱秃哈喇吉（浑天仪，观察天象）、咱秃朔八台（方位仪，观察星位）、鲁哈麻亦凹只（斜纬仪）、鲁哈麻亦木思塔余（平纬仪）、苦来亦阿儿子（地球仪）、兀剌都儿剌不定（罗盘），使中国对西方天文学有了较多了解。忽必烈在上都建立回司天台，让扎马鲁丁在司天台任职，负责观察天象和编制回历。

忽必烈迁都大都之后，刘秉忠又向忽必烈推荐了精通天文学的王恂和郭守敬。忽必烈让郭守敬在大都修建了规模庞大的司天台用来观察天象，司天台长120多米，宽90多米，高20多米。司天台顶部放置了许多由郭守敬设计制造的天文仪器。

至元十三年（1276年），忽必烈令郭守敬、王恂、许衡等人修订新的历法，郭守敬认为修订新的历法应该以测验为本，

而测验之器莫过于仪表,又向忽必烈建议"唐朝天文学家僧一行曾经进行全国测量,书中记载的观测点共有13处,现在疆域比唐朝还要大,更应该多设观测点,这样得出来的数据才会准确。"忽必烈接受了郭守敬的建议,在全国设置了27个观测点进行测量,这些观测点分布于元朝广阔的疆土之上,最北端位于西伯利亚,最南端位于南海岛屿之上,最东端位于朝鲜半岛,最西段位于川滇一带,方圆万里,观测范围之广,参与人员之众,都是史无前例的,史称"四海观测"。

通过四海测量,郭守敬、王恂、许衡等人得到了大量翔实准确的天文数据,并且以此为基础,于至元十七年(1280年)编制出一套新的历法,次年,忽必烈命名《授时历》颁行天下。《授时历》的数据极其精准,譬如,《授时历》测量的回归年为365.2425天,和实际的回归年几乎一模一样;《授时历》测量的黄赤交角为23.9030度,和实际的黄赤交角也相差无几,后代的天文学家甚至根据这一数据,论证出地球的黄赤交角存在逐渐变小的变化;《授时历》对预计发生日食的时间也都做出准确判断并得到验证。

此外,元朝在恒星观测方面也取得了较大进步,恒星的测量数据也极其准确,这反映了元朝对天文学的重视,也从侧面反映了元朝天文仪器的发达。

登封观星台
位于中国河南省登封,由台身和量天尺组成的一座青砖石结构建筑,台身状如覆斗,其作用是"昼参日影,夜观极星,以正朝夕",是中国现存最早的古代天文台。它是元代全国的中心观测站,郭守敬曾经在这里重新观测了二十八星宿和其他一些恒星的位置,并编制了当时最先进的历法——授时历。

/// 少年中国史

云南大理段氏政权的兴衰

大理国是位于今天云南、贵州一带的古代政权，后晋天福二年（937年）由通海节度使段思平创建，后被大蒙古国所灭，历时317年。

● **段氏建国**

大理段氏为白族人，其始祖段俭魏为南诏国武将，曾于唐天宝十三载（754年）率领南诏军击败唐军，为南诏国立下汗马功劳。段氏传至段俭魏六世孙通海节度使段思平时，南诏国衰落，郑买嗣灭南诏国，建立大长和国（902年—928年），后杨干贞又灭大长和国，建立大义宁国（929年—937年）。

大理国段氏与三十七部会盟碑

碑立于大理国段素顺明政三年，即北宋开宝四年（971年），是大理国时代的遗物。碑文记述了大理国主段氏（白族）联合三十七部（彝族）出战滇东一些部落后，于石城（今曲靖市）会盟立誓，并颁赐职赏的情况。这是研究大理国和云南当时境内少数民族的历史及大理国职官制度的重要实物资料。

杨干贞建国后，对段思平进行迫害，段思平以减免粮税、宽限徭役为号召，发动起义，并且最终攻破太和城（今大理城北），大义宁国灭亡，段思平建立大理国，定都阳苴咩城（今云南大理），年号文德。

段思平在位期间，厉行改革，发展生产，兴修水利，开垦农田，使百姓安居乐业，社会经济得到很快发展。段思平笃信佛教，在位八年，大修佛寺，佛教在大理国得到很好发展。神武四年（944年），段思平去世，其子段思英继位。

《**大理国梵像卷**》（局部）
作者是生活在中国南宋时期的大理国画家张胜温，该画现藏于中国台北"故宫博物院"。全画分成三部分，第一部分为大理利贞皇帝（段智兴）率领扈从礼佛图，第二部分主要描绘诸佛、菩萨、天龙八部等图像，第三部分为十六天竺（印度）国王进贡图。

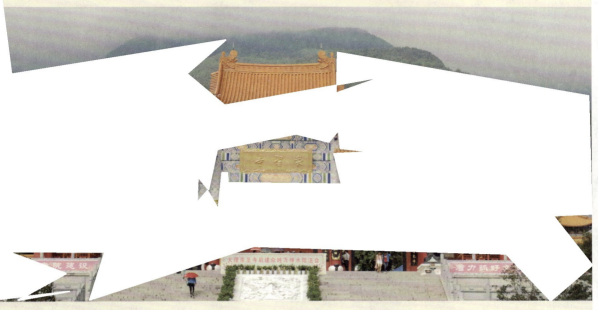

云南大理崇圣寺

崇圣寺位于云南省大理古城北,东对洱海,西靠苍山,建于南诏时期。大理国有"佛国""妙香国"之称。崇圣寺建成之后即为南诏国、大理国时期佛教活动的中心。崇圣寺是大理国皇家寺院,大理国二十二个皇帝,有九个皇帝在崇圣寺禅位出家。崇圣寺在明清之际由于地震、战火等原因遭到毁坏,2005年,崇圣寺重建工程竣工。

● 高氏专权

段思英在位仅一年,段思平之弟段思良发动政变,逼迫段思英出家为僧,段思良自立为帝,成为大理国第三代皇帝。大理国历代皇帝都笃信佛教,第八代皇帝段素隆甚至不爱江山爱经卷,禅位为僧,之后有多位大理皇帝禅位为僧。

大理国中期,高氏家族开始崛起,高氏祖先高方是大理开国功臣,被段思平封为岳侯,高氏后人在大理国势力渐盛,以至于大理历代国相皆为高氏,权倾朝野。1063年,大理皇帝时为段思廉,另一权臣杨允贤发动叛乱,被高氏家族的高智升镇压,段思廉封高智升为鄯阐侯,高氏权势益盛。1080年,杨允贤之子杨义贞再次发动政变,杀死大理皇帝段廉义,自立为帝。高智升派儿子高升泰征讨,诛杀杨义贞,拥立段廉义之侄段寿辉为帝。段寿辉即位后,备感压力,心怀疑惧,遂以"天变"为由,出家为僧,禅位给堂弟段正明。1094年,段正明禅位给高升泰(一说段正明为高升泰所废)。高升泰改国号为大中国,年号为上治,大理国中断。

1096年,高升泰病逝,临死前要求其子高泰明还政于段正明之弟段正淳,大理国得以延续。1108年,段正淳出家为僧,禅位给其子段正严(段和誉,金庸名著《天龙八部》里段誉原型),段正严勤政爱民,有些作为,但仍改变不了高氏专权的局面。

▌少年中国史

● 亡于蒙古

1252年，蒙古大汗蒙哥命其弟忽必烈、大将兀良合台率领大军，兵分三路，出征大理。大理相国高泰祥力主抗战，率兵与蒙古军交战，但终究难以抵挡蒙古大军进攻，高泰祥战败被俘，不屈遇害，忽必烈称之为忠臣。1254年，忽必烈北返，留兀良合台继续进攻，该年秋，蒙古军追至鄯阐城（今云南昆明），俘虏了大理末代皇帝段兴智，大理国灭亡。

13世纪大理王国军队护甲（部分）

崇圣寺三塔
崇圣寺三塔位于大理古城西北部，西对苍山应乐峰，东对洱海，三塔由一大二小三阁组成。大塔又名千寻塔，当地人称它为"文笔塔"，为大理地区典型的密檐式空心四方形砖塔。南北小塔均为十级，为八角形密檐式空心砖塔。三座塔鼎足而立，千寻塔居中，二小塔南北拱卫。

大理国皇帝列表

庙号	谥号	姓名	年号
前大理			
太祖	神圣文武帝	段思平	文德神武
	前废帝	段思英	文经
太宗	圣慈文武皇帝	段思良	至治
	至道广慈皇帝	段思聪	明德广德顺德
	应道皇帝	段素顺	明政
	昭明皇帝	段素英	广明明应明统明圣明治
	宣肃皇帝	段素廉	明启
	秉义皇帝	段素隆	明通
	圣德皇帝	段素真	正治
	炀帝	段素兴	圣明天明
兴宗	孝德皇帝	段思廉	保安正安正德保德明侯
	后废帝	段廉义	上德
	广安帝	杨义贞	德安
		段寿辉	上明
		段正明	保立（或写作保定）建安天佑
大中			
太祖	文戎天佑安邦皇帝	高智升	
	富有圣德表正皇帝	高升泰	上治
后大理			
中宗	文安帝	段正淳	天授开明天政文安
宪宗	宣仁帝	段正严	日新文治永嘉保天广运
景宗	正康帝	段正兴	永贞大宝龙兴盛明建德
宣宗	功极帝	段智兴	利贞盛德嘉会元亨安定
英宗	享天帝	段智廉	凤历元寿
神宗	天开帝	段智祥	天开天辅仁寿
	孝义帝	段祥兴	道隆
	末帝	段兴智	利正兴正天定

916年—1368年

- 1115年 / 完颜阿骨打建立金朝
- 1125年 / 辽天祚帝被金兵俘虏，辽朝灭亡
- 1127年 / 金朝灭北宋
- 1150年 / 完颜亮弑金熙宗，自立为帝
- 1206年 / 铁木真统一蒙古诸部，称成吉思汗
- 1219年 / 成吉思汗西征花剌子模
- 1227年 / 西夏末帝李睍投降蒙古，西夏灭亡
- 1234年 / 蔡州城破，金朝灭亡
- 1271年 / 忽必烈建立元朝
- 1279年 / 元宋崖山海战，元朝胜，南宋灭亡
- 1351年 / 韩山童、刘福通领导红巾军起义
- 1368年 / 朱元璋建立明朝。明军攻入大都，元朝灭亡

- 1192年 / 日本进入幕府时期
- 1204年 / 拜占庭帝国首都君士坦丁堡被十字军攻陷
- 1299年 / 土耳其人奥斯曼建立奥斯曼帝国
- 1337年 / 英法百年战争开始

中外大事年表对比

- 916年 / 耶律阿保机建国，国号契丹
- 936年 / 辽太宗援助石敬瑭建立后晋
- 1004年 / 辽、宋签订澶渊之盟，进入百年和平期
- 1038年 / 党项族首领李元昊建立西夏
- 1040年 / 宋夏三川口之战，宋败
- 1041年 / 宋夏好水川之战，宋败
- 1042年 / 辽兴宗利用宋夏战争，迫宋增加岁币，史称重熙增币
- 1063年 / 辽耶律重元发动叛乱，失败

- 843年 / 凡尔登条约，法兰克王国一分为三
- 936年 / 高丽统一朝鲜半岛
- 1054年 / 东西方基督教分裂为东正教和天主教
- 1066年 / 诺曼底公爵威廉征服英格兰，成为国王
- 1096年 / 欧洲十字军第一次东征

少年中国史
Chinese History for Teenagers

创作团队

【项目策划】尚青云简

【文稿提供】马海静

【图片支持】Fotoe.com　Wikipedia　郝勤建　秋若云　堂潜龙